AF509874

CATALOGUE

DE LIVRES

RARES OU CURIEUX

EN VENTE

AUX PRIX MARQUÉS

PARIS

THÉOPHILE BELIN, LIBRAIRE

29, Quai Voltaire, 29

15 JANVIER 1902 — N° 265

1. **Abrégé** de Géométrie contenant les définitions, les problèmes les plus nécessaires et quelques proprietez essentielles ; in-4, mar. rouge, dos orné, fil., tr. dor. (*Rel. anc.*).   150 fr.

> Manuscrit de 151 pp. fort bien calligraphié écrit à l'encre rouge et noire, avec figures démonstratives.
> Aux armes de PHILIPPE D'ORLÉANS, régent de France.

2. **Album** de la Gazette des Beaux-Arts. Première et deuxième séries. *Paris*, 1867-1870 ; 2 vol. in-fol. en feuilles et en cartons.   75 fr.

> 100 gravures d'après les maîtres anciens et modernes : Raphaël, Ingres, Michel-Ange, Delacroix, Rembrandt, Meissonier, Paul Delaroche, Léonard de Vinci, Velasquez, Fromentin, Poussin, Baudry, Corot, Prudhon, Durer, Boucher, Reynolds, etc.

3. **Alciat** (A.). Les Emblemes de maistre André Alciat, puis nagueres augmétez par ledict Alciat et mis en rime françoise avec curieuse correction. *Paris, Chrestien Wechel*, 1542 ; in-12, veau, fil., dos orné (*Rel. anc.*).   100 fr.

> Cette édition contient le texte latin des Emblèmes et leur traduction française par Lefèvre. Elle est ornée de 115 gravures sur bois.

4. **Alciat.** Diverse imprese accomodate a diverse moralità, con versi che i loro significati dichirano insieme con molte altre nella lingua italiana non piu tradotte. Tratte da gli emblemi dell' Alciato. *In Lione, da Gulielmo Rovillio*, 1551 ; in-8, mar. brun, compart. de fil., tr. dor. (*Lortic*).   100 fr.

> Titre et 180 planches avec l'explication en vers italiens, par *Giovanni Marquale.*

5. **Alciat** (A.). In D. Andræ Alciati emblemata succincta commentariola. Sebast. Stockhamero Germano autore. *Lugduni, apud Joannem Tornæsium et Gul. Gazeium*, 1556 ; in-16, prép. pour la rel.   25 fr.

> Edition en caractères italiques ornée de 113 gravures sur bois.

6. **Allée** (L'). de la seringue ou les noyers, poeme herosatyrique en quatre chants par Monsieur D*** (Eustache le Noble). *A Francheville, chez Eug. Aletophile*, 1691 ; — La Fradine ou les ongles rognez, poeme herosatyrique en trois chants par Monsieur ***. — L'heresie detruite, poëme heroique par M. Le Noble. — Esope, comédie. — Ensemble 1 vol. in-12, veau, fil., dos orné.   8 fr.

> A la suite de la Fradine se trouvent encore des œuvres de Le Noble : Epître morale à Damis, la Rencontre amoureuse et quatre sonnets.

7. **Allom** (Th.). L'Empire chinois illustré d'après des dessins pris sur les lieux par Th. Allom. Avec les descriptions par Clément Pellé. *Paris, Fisher* ; pet. in-4, cart. de l'éditeur, fers spéc., tr. dor. 20 fr.

> 32 belles planches dessinées par *Thomas Allom*, gravées par *Tingle, Bradshaw, Wetherhead, C. T. Dixon*, etc.

8. **Allom** (Th.). La France au XIXe siècle, illustrée dans ses monuments et ses plus beaux sites, dessinés d'après nature par Thomas Allom. Avec un texte descriptif par Charles-Jean Delille, professeur. *Paris, Fisher, s. d.* ; 3 vol. pet. in-4, cart. de l'éditeur, fers spéc., tr. dor. 60 fr.

> 96 jolies planches dessinées par *Allom* et gravées sur acier par *Willmore, W. Le Petit, H. Adlard, Turnbull, Bradshaw, J. Starling, Le Keux, W. Floyd*, etc.

9. **Almanach royal**, année bissextile 1776. *Paris, Le Breton* ; in-8, mar. rouge, dos orné, large dent., milieux de mar. vert, tr. dor. (*Rel. anc.*).   120 fr.

> Bel exemplaire aux armes royales.

10. **Almanach** royal, année commune 1791. *Paris, veuve d'Houry*, 1791 ; in-8, mar. rouge, dos orné, fil., tr. dor. (*Rel. anc.*).   30 fr.

> Cette année de l'Almanach royal est ornée d'une des premières cartes où la France soit divisée en 83 départements. Bel exemplaire.

11. **Almanach** du département de l'Yonne pour l'année 1817. *Auxerre, Fournier* ; in-16, mar. rouge, large dent. sur les plats, dos orné, tr. dor.   30 fr.

> Carte du département de l'Yonne. Aux armes de LOUIS XVIII.

12. **Amman** (Jost.). Gynæceum, sive theatrum mulierum in quo præcipuarum omnium per Europam in primis, nationum, gentium populorumque, cujuscunque dignitatis, ordinis, etc., artificiosissimis nunc primum figuris, neque usquam antehac pari elegantia editis, expressos a Jodoco Amano. Additis

ad'singulas figuras singulis octos-
tichis Francisci Modii Brug. *Fran-
coforti, impr. Sigismundi Feyra-
bendii*, 1586 ; in-4, fig., vélin. 500 fr.

Très jolie et très importante suite de
122 figures gravées sur bois par *Jost
Amman*, représentant les costumes des
femmes européennes au XVI° siècle. Exemplaire du PREMIER TIRAGE de ce rare volume,

13. Anacréon. Anacreontis teii
odaria præfixo commentario quo
pœtae genus traditur et bibliotheca
anacreonteia adumbratur. *Parmae,
ex reg. typ. (Bodoni),* 1785 ; in-4,
veau brun, fil., orn. sur les plats,
dos orné, tr. jasp.   20 fr.

Fleuron. Portrait d'Anacréon en mé-
daille d'après l'antique. En-tête de dédicace gravé par *Cagnoni.* Belle édition
imprimée en lettres capitales.

14. Anacréon. Odes. Édition poly-
glotte publiée sous la direction de
J.-B. Monfalcon. *Paris, Firmin
Didot,* 1835 ; pet. in-fol., cart.
toile.   15 fr.

Traduction en français, prose et vers,
en vers latins, en vers anglais, en vers
allemands, en vers italiens, en vers espagnols. Texte grec en regard.

15. Anacréon. Recueil de compositions dessinées par Girodet et
gravées par M. Châtillon, son élève,
avec la traduction en prose des
odes de ce poète. *Paris,* 1825 ;
pet. in-fol., demi-mar. viol. avec
coins, *non rogné.*   25 fr.

54 planches gravées au trait.

16. Anecdote ou histoire secrète
des vestales (par de Mailly). *Paris,
Cavelier,* 1700 ; in-12 veau, dos
orné.   10 fr.

17. Anecdotes. *Paris, Vincent,*
1768-1776 ; 18 vol. pet. in-8, veau,
dos ornés (*Rel. anc.*).   50 fr.

Anecdotes françaises, par Guill. Bertoux, 3 vol. — Anecdotes italiennes, par
Fr. de la Croix, 1 vol. — Anecdotes an-
gloises, par Fr. de la Croix, 1 vol. — Anecdotes du Nord, par de la Place, La Croix
et Hornot, 1 vol. — Anecdotes des Répu-
bliques, par de la Croix, 2 vol. — Anecdotes arabes, par de la Croix et Hornot,
1 vol. — Anecdotes ecclésiastiques, par
Jaubert et Dinouart, 2 vol. — Anecdotes
espagnoles et portugaises, par Bertoux,
2 vol. — Anecdotes orientales, par Men-
telle, 2 vol. — Anecdotes chinoises, par
Castillon, 1 vol. — Anecdotes africaines,
par Dubois-Fontanelle, 1 vol. — Anecdotes
américaines, par Hornot, 1776.

18. Anisy (A.-L. d'). Recueil de
sceaux normands et anglo-nor-

mands, précédé de l'extrait du
cartulaire, des chartes, diplomes et
autres actes qui existent encore
dans les archives du Calvados. Publié et dessiné par A.-L. d'Anisy.
Caen, 1834 ; in-4 oblong, br. 15 fr.

80 planches en lithographie.

19. Annales administratives des
bibliophiles contemporains. Premier exercice 1889-1890. — Cinquième et dernière année, 1894 ;
2 plaq. in-8 br. — Annales littéraires des Bibliophiles contemporains, recueil de l'Académie des
Beaux-Arts pour 1890 ; in-8, br.,
pap. de luxe. — Annales littéraires
et administratives des Bibliophiles
contemporains. Années 1892-93-94,
papier de luxe ; 3 vol. in-8, br.
Ensemble 6 vol. in-8, br.   40 fr.

Figures sur bois, portraits gravés, cro-
quis, etc.

20. Annales (les) générales de la
ville de Paris, représentant tout ce
que l'histoire a peu remarquer de
ce qui s'est passé de plus mémorable en icelle depuis sa première
fondation, jusques à présent. Le
tout par l'ordre des années et des
règnes de nos roys de France. *Paris, Rocolet,* 1640 ; in-fol., veau,
fil., dos orné.   20 fr.

Fleuron gravé sur bois.

21. Anselme (Le Père). HISTOIRE
GÉNÉALOGIQUE ET CHRONOLOGIQUE
DE LA MAISON ROYALE DE FRANCE,
des Pairs, Grands Officiers de la
couronne et maison du Roy, et des
anciens barons du royaume. Avec
les qualitez, l'origine, le progrès
et les armes de leurs familles. Le
tout dressé sur titres originaux,
registres, etc., par le P. Anselme
(P. de Guibours), continuée par
M. du Fourny. Troisième édition
corrigée et augmentée par les soins
du P. Ange (Raffard) et du P. Sim-
plicien (P. Lucas). *Paris, par la
compagnie des libraires,* 1726-1733;
9 vol. in-fol., front. et blasons,
veau granit, dos orné, tr. rouge
(*Rel. anc.*).   550 fr.

Excellent ouvrage des plus importants
pour l'histoire des princes et des grandes
familles de France.
Rare et recherché.

22. Anspach (Margrave d'). Mémoires de la margrave d'Anspach,

écrits par elle-même, traduits de l'anglais par J.-T. Parisot. *Paris, Bertrand*, 1826; 2 vol. in-8, cart. 8 fr.

> Portraits du margrave de Brandebourg, d'Elisabeth Berkeley, veuve du dernier margrave d'Anspach, et de son fils Craven.

23. **Anthologie** françoise ou chansons choisies depuis le 13e siècle jusqu'à présent. *S. l. (Paris)*, 1765; 3 vol. in-8, br.   40 fr.

> Ouvrage édité par *Monnet*, illustré d'un portrait dessiné par *Cochin*, gravé par *Saint-Aubin* et de 3 frontispices par *Gravelot*, gravés par *Lemire*. Toutes les chansons de ce recueil sont accompagnées de leur musique notée.

24. **Apollon** et les Muses; calendrier pour l'année 1807. *Paris, Chaise, s. d.;* in-8, mar. vert, dos orné, fil., tr. dor. (*Canape-Belz*).   70 fr.

> 10 charmantes figurines en couleur, en forme de médaillon représentant Apollon et les Muses.
> Bel exemplaire.

25. **Argentré** (Bertrand d'). L'Histoire de Bretagne, des roys, ducs, comtes et princes d'icelle; l'establissement du royaume, mutation de ce tiltre en duché, continué jusques au temps de Madame Anne dernière duchesse. *Paris, Jacques du Puys*, 1588; in-fol. de 28 et 832 ff., veau brun, tr. jaspée (*Rel. anc.*).   60 fr.

> Bel exemplaire de cet excellent ouvrage.

26. **Arioste**. Orlando furioso di Lodovico Ariosto. *In Parigi, appr. Fantin*, 1805; 4 vol. gr. in-4, demi-rel. dos et coins de mar. rouge, dos orné, *non rognés*.   150 fr.

> Portrait de l'Arioste dessiné par *Eisen*, gravé par *Fiquet*, et 46 figures par *Cipriani, Cochin, Eisen, Greuze, Monnet* et *Moreau*.
> Bel exemplaire.

27. **Ariosto** (Lodovico). Orlando furioso... tutto ricorretto et di nuove figure adornato con le annotationi gli auvertimenti et le dichiarationi di Girolamo Ruscelli, la vita dell' autore, etc. *In Venetia, appresso Vincenzo Valgrisio*, 1558; in-4, veau, dos orné.   30 fr.

> Edition rare illustrée de gravures sur bois faites sur les dessins de *Dosso Dossi*, peintre ferrarais. Manque le premier feuillet.

28. **Armengaud** (J.-G.-D.). Les galeries publiques de l'Europe :

Rome, 3 part. — Italie. Gênes, Turin, Milan, Parme, Venise, Bologne, Florence, Naples, Pompéï, 2 vol. *Paris, Claye*, 1856-62. Ensemble 3 vol. in-fol., br. et en ff.   40 fr.

> Nombreuses figures gravées sur bois.

29. **Artamof** (Piotre). La Russie historique, monumentale et pittoresque. *Paris, Lahure*, 1862; 2 vol. in-fol., demi-rel. mar. bleu, tête dor., *non rognés*.   35 fr.

> Texte illustré de très belles figures sur bois.
> Piotre Artamof est le pseudonyme du comte Vladimir de la Fite de Pelleporc.

30. **Artaud** de Montor. Histoire du pape Pie VII, 2 vol. — Histoire du pape Léon XII, 2 vol. — Histoire du pape Pie VIII, 1 vol. *Paris, Adrien Le Clerc*, 1836-1844. Ens. 5 vol. in-8, veau bleu, dos et plats ornés, fil., tr. dor.   15 fr.

> Portrait du pape Pie VII gravé sur acier.

31. **Aubry** (Charles). Histoire pittoresque de l'équitation ancienne et moderne. *Paris, Motte*, 1833; in-fol., demi-rel. veau brun, dos orné.   50 fr.

> Bel exemplaire orné de 24 jolies planches lithographiées.

32. **Audouin**. Journal universel de la Convention nationale, rédigé par Audouin, de Seine-et-Oise. Numéros 1255 à 1315. Du 1er mai 1793 au 30 juin 1793; in-8, br.   10 fr.

> Titre manuscrit. Trois n** des 8, 13 et 30 avril 1791 ont été ajoutés. On trouve dans ce volume des discours de Robespierre prononcés à la Convention et à la société des Jacobins.

33. **Audsley** et **L. Bowes**. La Céramique japonaise, édition française publiée sous la direction de M. A. Racinet. *Paris, Didot*, 1880; 2 vol. in-fol., demi-rel. dos et coins de mar. rouge, dos orné, tête dor., *non rognés*.   150 fr.

> 55 planches en couleur.

34. **Autographe** (L'). Évènements de 1870-1871 (Deuxième série). Préface par M. Alphonse Karr. Directeur II. de Villemessant. *Paris*, 1872; in-4 oblong, demi-rel. perc., *non rogné*. — En livraisons années 1864-1865. — Album autographique de l'exposition de 1867. —

Les Salons, dessins autographes, 1868. 20 fr.

Recueil d'autographes des contemporains, hommes politiques, hommes de lettres, peintres, sculpteurs, etc.

35. Aventures du Gourou Paramarta, conte drolatique indien. *Paris, Barraud,* 1877 ; in-8, cart. 30 fr.

Un des 80 exemplaires sur papier du Japon contenant les épreuves des eaux-fortes de Bernay et Cattelain en deux états, noir et sanguine. Publié à 100 fr.

36. Balzac (Guez de). Les Entretiens de feu Monsieur de Balzac. *Paris, Augustin Courbé,* 1657 ; pet. in-4, vél., fil. 15 fr.

Bel exemplaire.

37. Balzac (Honoré de). Œuvres complètes. *Paris, Alex. Houssiaux,* 1844-1874 ; 20 vol. in-8, demi-rel. mar. bleu, dos orné, tr. jasp. 120 fr.

Portrait de l'auteur par *Berthall.* Nombreuses figures hors texte gravées sur bois. Exemplaire à l'état de neuf.

38. Basan (Fr.). Tableaux du cabinet de M. Poullain, mis au jour par François Basan. *A Paris, s. d. ;* in-4, demi-rel. vélin. 45 fr.

Titre, frontispice et 48 tableaux gravés en taille-douce de *Rubens, Theniers, Jordans, Dusart, Le Lorrain, Pœlenburg, Berghem, Asselyn, Rembrandt,* etc.

39. Bayle (Pierre). Dictionnaire historique et critique par M. Pierre Bayle. Cinquième édition, revue corrigée et augmentée de remarques critiques, avec la vie de l'auteur, par M. des Maizeaux. *Amsterdam,* 1734 ; 5 vol. in-fol., veau, dos ornés. 40 fr.

Fleuron par *Schenk.* En-tête de dédicace par *Picart.*

40. Bayle (Pierre). Dictionnaire historique et critique de Pierre Bayle. Nouvelle édition augmentée de notes extraites de Chaufepié, Joly, La Monnoie, Le Duchat, Leclerc, Prosper Marchand, etc. *Paris, Desœr,* 1820 ; 16 vol. in-8, demi-rel. veau fauve, dos ornés, *non rognés.* 120 fr.

Bel exemplaire.

41. Beaumarchais. La Folle Journée ou le Mariage de Figaro, comédie en 5 actes en prose. *Paris,* *Ruault,* 1885 ; in-8, br., *non rogné.* 40 fr.

Orné de 5 curieuses figures au trait légèrement ombré, dessinées par *Naudet.* Les figures sont à part et pliées.

42. Becq de Fouquières. Les Jeux des anciens, leur description, leur origine, leurs rapports avec la religion, l'histoire, les arts et les mœurs. *Paris, Reinwald,* 1869; gr. in-8, br. 25 fr.

Tirage à 50 exemplaires numérotés sur PAPIER VERGÉ. Illustrations gravées sur bois par *Léon le Maire.*

43. Belgique (La) monumentale, historique et pittoresque, par MM. H. G. Moke, Victor Joly, Eugène Gens, Théodore Juste, Ferdinand Carron, Charles Hien, G.-G.-G.-G., Félix Stappers, etc., ouvrage suivi d'un coup d'œil sur l'état actuel des arts, des sciences et de la littérature en Belgique, par A. Baron. *Bruxelles, Jamar et Ch. Hen,* 1844 ; 2 vol. in-8, demi-rel. dos et coins de chag. vert, dos ornés, têtes dorées. 25 fr.

Ouvrage illustré de jolies gravures sur bois dont 35 hors texte, 6 planches de costumes en couleurs.

44. Belgrand (Eug.). Les Travaux souterrains de Paris. Etudes préliminaires. La Seine. — Les aqueducs romains. — Les anciennes eaux. — Les eaux nouvelles. *Paris, Dunod,* 1873-1882 ; 4 vol. in-8 de texte, et 4 vol. in-fol. de planches, demi-rel. chagr. vert. 75 fr.

159 planches. Ouvrage publié à 195 fr.

45. Belidor. Le Bombardier français, ou nouvelle méthode de jeter les bombes avec précision. *Paris, Imprimerie royale,* 1731 ; in-4, mar. rouge, fil., tr. dor. (*Rel. anc.*). 150 fr.

Bel exemplaire aux armes du COMTE D'EU.

46. Belloc (Mme L. Sw.) Lord Byron. *Paris, Renouard,* 1824 ; 2 vol. in-8, veau vert, orn. à froid sur le dos et sur les plats, tr. jasp. (*Messier*). 10 fr.

Portrait de lord Byron en lithographie signée *Gounod.* Vue de Newstead Abbey, lith. de Villain. Fac-similé d'une lettre de lord Byron.

47. Bellori (J.-P.). Veteres Arcus Augustorum Triumphis insignes ex reliquis quae Romae adhuc supersunt. *Romæ*, 1690 ; in-fol., cart. **25 fr.**

52 planches gravées sur cuivre.

48. Benserade. Les Œuvres de Monsieur de Bensserade. Première [et seconde] partie. *Paris, Charles de Sercy*, 1697 ; 2 vol. in-12, front. grav., mar. rouge, dos ornés, fil., tr. dor. (*Capé*). **150 fr.**

Première édition collective des Œuvres de Benserade. Bel exemplaire.

49. Béranger. Œuvres complètes. *Paris, Perrotin*, 1847-1865 ; 5 vol. in-8, demi-rel. chag. rouge avec coins. **80 fr.**

52 belles illustrations de *Charlet, Lemud, Johannot*, etc., 14 fig. de *Lemud* et 120 fig. de *Grandville*, sur CHINE.

50. Bergier. Dictionnaire de théologie par l'abbé Bergier. Nouvelle édition. *Lille, Lefort*, 1844 ; 4 vol. in-8, veau violet, dos et plats ornés, tr. jasp. **12 fr.**

Bel exemplaire.

51. Berington. Histoire littéraire du Moyen-Age, traduite de l'anglais (par Ant.-Marie-Henri Boulard). *Paris*, 1814-1822 ; 7 tomes en 2 vol. in-8, demi-rel. veau fauve. **10 fr.**

52. Bernard (P.-J.). Œuvres, ornées de gravures d'après les dessins de Prud'hon, la dernière estampe gravée par lui-même. *Paris, P. Didot l'aîné, an V* (1797) ; in-4, demi-rel. dos et coins de mar. vert, tête dor., *non rogné*. 150 fr.

Un des 150 exemplaires tirés sur PAPIER VÉLIN FORT D'ANGOULÊME, avec la suite des figures de *Prud'hon*, en épreuves AVANT LA LETTRE. Les exemplaires sur ce papier sont les seuls qui contiennent les Opéras de l'auteur.

— Les mêmes. *Paris, an V* (1797) ; in-4, dos et coins de mar. vert, dos orné, tr. dor. **100 fr.**

Exemplaire sur PAPIER VÉLIN FORT avec la suite des figures avec la lettre. Déchirure au dernier feuillet.

53. Berquin. Romances. *Paris, imp. de Monsieur*, 1788 ; pet. in-12, cart., *non rogné*. **150 fr.**

PAPIER VÉLIN.

10 figures par *Borel*, gravées par *Damorun, Delignon, Guttenberg, Hubert, de Longueil* et *Petit*, AVANT LES NUMÉROS.

On a ajouté : la suite complète des 7 charmantes figures de *Marillier*, gravées par *Delaunay jeune* et *Ponce*, AVANT LES NUMÉROS ; 5 figures de la même suite à l'état d'EAU-FORTE PURE ; une figure de *Moreau*, gravée par *de Ghendt*, AVANT LA LETTRE, et 2 figures de *Le Barbier*, gravées par *Villerey*.

Bel exemplaire dans sa condition primitive. Très rare.

54. Bertall. La Comédie de notre temps. *Paris, E. Plon*, 1874-1876 ; 3 vol. in-4, brochés (couv.) **44 fr.**

Texte et figures humoristiques : La civilité, les habitudes, les mœurs. — Les Enfants, les jeunes, les mûrs, les vieux. — La vie hors de chez soi.

55. Berthault. Suite de 24 vues de jardins anglais, exécutés par Berthault, architecte de S. M. l'Empereur. *Paris, Basset, s. d.;* pet. in-fol., demi-rel. veau rouge, *non rogné*. **25 fr.**

Les vues sont à la manière noire.

56. Bèze (Théod.). Theodori Bezae Vezelii poëmata varia, Sylvæ. Epitaphia. Icones. Cato. Elegiæ. Epigrammata. Emblemata. Censorius. Omnia ab ipso auctore in unum nunc corpus collecta et recognita. *S. l.*, 1597 ; pet. in-4, mar. rouge, fil., dos ornés, tr. dor. (*Rel. anc.*). **350 fr.**

Très bel exemplaire de *de Thou*, 245 pages.

57. Bianchi (T.-X.). Vocabulaire Français-Turc à l'usage des interprètes, des commerçans, des navigateurs et autres voyageurs dans le Levant. *Paris, Everat*, 1831 ; in-8, demi-rel. veau fauve. **10 fr.**

58. Bible. Vetus testamentum græcum, juxta septuaginta, ex auctoritate Sixti V editum (studio Ant. Caraffae cardinalis, cum præfat. Petri Morini). *Romae, ex typographia Francesci Zanetti*, 1587 ; in-fol., mar. rouge, fil. à la Duseuil, dos orné, tr. dor. (*Rel. anc.*). 300 fr.

Aux armes de J.-J. CHARRON, marquis de Menars. Texte grec imprimé sur deux colonnes. Édition rare et recherchée.

59. Bible. La Sainte Bible traduite sur le latin de la Vulgate par Lemaistre de Sacy pour l'Ancien Testament et par le P. Lallemant pour le Nouveau Testament, accompagnée de nombreuses notes explicatives, par M. l'abbé Delaunay. *Paris, Curmer*, 1857 ; 5 vol. in-4, br. **30 fr.**

Titre dessiné par *G. Fath* et gravé sur bois par *Brevière*.

60. Bible (La). Traduction nouvelle d'après les textes hébreu et grec, par E. Ledrain. *Paris, Alphonse Lemerre,* 1886-1896 ; 9 vol. in-8, br. 110 fr.

9 volumes sur 10, le dernier manquant. — L'un des 20 exemplaires sur PAPIER DE CHINE.

61. Bibliothèque des romans grecs. *A Paris, de l'impr. de Guillaume,* 1797 ; 12 vol. in-12, veau fauve, dent., dos ornés, tr. dor. (*Bozérian*). 120 fr.

Les Affections d'Amour de Parthenius, trad. par Jean Fournier, 1 vol. — Les Amours de Leucippe et Clitophon, trad. par L.-A. du Perron de Castera, 2 vol. — Les Amours de Théagènes et Chariclée, trad. d'Héliodore, 2 vol. — Les Amours pastorales de Daphnis et Chloé, trad. de Longus, par Amyot, 1 vol. — Les Amours d'Abrocome et d'Anthia, trad. de Xénophon (par Jourdan), 1 vol. — Les Amours de Chereas et Callinhoë, trad. de Chariton par H. C. Larcher, 2 vol. — Les Amours d'Imène et d'Ismenias (trad. par Godard de Beauchamps), 1 vol. — Les Amours de Rhodante et Dosicles, trad. de Th. Prodomus par Godard de Beauchamps, 1 vol. — L'Histoire véritable et Lucius ou l'âne, trad. de Lucien (par Belin de Ballu). Très bel exemplaire tiré sur papier fin.

62. Bie (Jacques de). La France métallique contenant les actions célèbres tant publiques que privées des roys et reynes remarquées en leurs médailles d'or , argent et bronze. — Explication ou description sommaire des médailles contenues en l'œuvvre de la France métallique. — Les familles de la France illustrées par les monuments des médailles anciennes et modernes. *Paris, Jean Camusat,* 1636 ; 3 part. en un vol. in-fol., veau, fil., dos orné. 58 fr.

Frontispice. Titre gravé , portrait de Louis XIII et 131 planches de médailles dans la 1re part. — Titre gravé et 48 pl. de médailles dans la 3e partie. Rac. aux premiers ff.

63. Biografia degli nomini illustri del regno di Napoli ornata de loro rispettivi rittrati. Compilata da diversi letterati nazionali. *Napoli, Nic. Gervasi* (1813-1817) ; 4 vol. in-4, cart. 40 fr.

192 portraits gravés sur cuivre.

64. Blason ou art héraldique contenant 29 planches dont 26 simples et une triple ; in-fol., demi-rel. toile. 12 fr.

65. Boaistuau (Pierre). Histoire[s] prodigieuses extraites de plusieurs fameux autheurs grecs et latins, sacrez et prophanes, divisées en deux tomes ; le premier mis en lumière par P. Boaisteau, surnommé Launay ; le second par Cl. de Tesserant, et augmenté de dix histoires par F. de Belle-forest Comingeois. Avec les portraits et figures. *A Paris, Gabriel Buon,* 1571 ; 2 tomes en un vol. in-16, vélin à recouvrements. 100 fr.

Edition illustrée de jolies petites figures sur bois délicatement gravées. Cet ouvrage donne un curieux résumé de toutes les histoirs étranges et prodigieuses qui étaient alors répandues dans l'esprit public : signes du ciel, pluies de sang, inondations, cas de pathologie humaine et animale monstrueuses, etc.

66. Boccace. Les neuf livres de Jehan Boccace des cas des nobles hommes et femmes ; in-4, ais de bois recouverts de veau estampé. (*Rel. anc.*). 350 fr.

Rare et curieux manuscrit du XVe siècle, écrit sur papier et composé de 576 ff.

Il renferme la traduction intégrale des neuf livres de Boccace « des Nobles malheureux » par Laurent de Premierfait (de Troyes). Les 13 premiers ff. sont consacrés à la table générale de l'ouvrage, les 8 suivants aux deux « Prologues » et le reste aux neuf livres.

Il se termine au recto du dernier feuillet par cette mention : *Cy fine le livre de Jehan Boccace des cas des nobles malheureux hommes et femmes ; translaté de latin en francoys par Laurens du premier fait clerc du dyocèse de Troyes. Et fut finee cette translation l'an mil iiiic et ix (1409) le lundi après pasques closes.* »

Le f. 14 (1er du Prologue) manque et le début et la fin de ce ms. sont atteints par de légères piqûres de vers. La reliure est fatiguée.

67. Boccace. Joannis Boccatii de Certaldo insigne opus de Claris Mulieribus. *Bernæ Helvet. Mathias Apiarius,* 1539 ; pet. in-fol., mar. rouge, dos orné , fil. , tr. dor. (*Hardy*). 275 fr.

Très bel exemplaire de cette édition, fort rare, illustré de 14 figures sur bois par *Jacques Kobel.* L'une d'elles (f. 73) nous montre la parturition de la papesse Jeanne.

68. Boccace. LE DÉCAMÉRON. Illustrations de Jacques Wagrez. Traduction et notes de Francisque Reynard. *Paris, G. Boudet,* 1890 ; 3 vol. in-4. mar. vert clair. dos orné mosaïqué. 3 fil. sur les plats avec branches de feuillages et fleurs en mosaïque de mar. vert foncé et citron aux angles, doubl. et gardes de soie brochée, tr. dor. sur fausses marges, couv. conservée, étui (*Canape*). 1.200 fr.

Un des 25 exemplaires numérotés sur PAPIER DU JAPON, contenant :
1° Les eaux-fortes hors texte en 3 états : eau-forte pure, avant la lettre avec remarque et avec la lettre.
2° Un tirage à part en bistre sur papier du Japon, de toutes les gravures du texte.
3° Une jolie COMPOSITION ORIGINALE de *Jacques Wagrez* à l'aquarelle, sur le faux-titre.

69. **Bocklern** (Georg.-Andr.). Architectura curiosa nova, exponens Fundamenta hydragogica, indolemque aquæ, varios aquarum ac salientum fontium lusus per varia spectatu, etc. In latinam linguam translata a J. C. Sturmio. *Norimbergæ, P. Fursten* (1664) ; 4 parties en un vol. pet. in-fol., vélin. 100 fr.

Ce très curieux et rare ouvrage sur l'art hydraulique appliqué aux fontaines, à la décoration des jardins, etc., et sur l'art de construire des labyrinthes, comprend 231 planches gravées sur cuivre et tirées sur 200 feuilles.

70. **Bodin** (Joan.). Les six livres de la république de J. Bodin, angevin. *Paris, Jacques du Puys, 1576* ; in-fol., veau, fil. à froid, milieux dor. 20 fr.

« Ouvrage qui mérite de conserver une place dans les bibliothèques parce qu'il renferme le germe de plusieurs idées qui ont été développées depuis avec succès par ceux de nos grands écrivains qui se sont occupés de politique et de législation. » (*Brunet*).

71. **Boettiger**. Les Furies d'après les poètes et les artistes anciens par M. Boettiger, traduction de l'allemand par E. F. Winckler. *Paris, Delalain, 1802* ; in-8, br. 6 fr.

4 figures gravées par *Tardieu*, dont deux enluminées.

72. **Boileau**. Œuvres de Nicolas Boileau-Despréaux, avec des éclaircissemens historiques donnez par lui-même. Nouvelle édition revue, corrigée et augmentée de diverses remarques (par Brossette et du Monteil). *A la Haye, Pierre de Hondt, 1729* ; 2 vol. in-fol., mar.

rouge, dos ornés, fil., tr. dor. (*Rel. anc.*). 200 fr.

Magnifique édition illustrée d'un frontispice, d'un portrait, de 7 figures pour le Lutrin, de vignettes et de culs-de-lampe par *Bernard Picard*.

73. **Boileau** (l'abbé). Histoire des flagellans, où l'on fait voir le bon et le mauvais usage des flagellations parmi les chrétiens, par des preuves tirées de l'Ecriture Sainte, des pères de l'Eglise, des papes, des conciles, et des auteurs profanes, traduite du latin de M. l'abbé Boileau, docteur de Sorbonne. *Amsterdam, François van der Plaats, 1701* ; in-12, veau, dos orné. 10 fr.

74. **Boitard**. Atlas du manuel de l'architecte des jardins ou l'art de les composer et de les décorer. *Paris, Roret, s. d.* ; in-8, obl. br. 15 fr.

120 planches.

75. **Borel** (Petrus) (Madame Putiphar). Huit gravures sur acier gravées par Legenisel d'après les dessins de Michel Armajer pour illustrer Madame Putiphar. 5 fr.

76. **Bosse** (A.). La pratique du trait à preuves, de Mr Desargues lyonnois, pour la coupe des pierres en l'architecture. *Paris, Des-Hayes, 1643* ; in-8, veau, dos orné. 10 fr.

Frontispice en tête de dédicace. Cet ouvrage contient 114 planches de plans gravés.

77. **Boucher** (Jean). Sermons de la simulée conversion et nullité de la prétendue absolution de Henry de Bourbon, prince de Béarn, à St Denys en France, le Dimanche 25 Juillet 1593. *Juxte la copie imprimée à Paris, chez G. Chaudière, 1594* ; pet. in-8, veau, dos orné, fil., tr. dor. 15 fr.

Cette édition publiée immédiatement après l'original fut, comme celle-ci, détruite lors de l'entrée de Henri IV à Paris.

78. **Boutkouski - Glinka** (Alexandre). Petit Mionnet de poche ou Répertoire pratique à l'usage des numismatistes en voyage et collectionneurs des monnaies grecques, avec indication de leurs prix actuels et de leur degré de rareté.

Berlin, 1889-1890 ; 2 vol. in-12, portr., br. 16 fr.

79. Branthôme. Œuvres complètes de Pierre de Bourdeilles, abbé et seigneur de Branthôme , suivies des œuvres d'André de Bourdeilles et d'une table générale avec une introduction et des notes par M. Prosper Mérimée et Louis Lacour. *Paris, Jannet*, 1858-1859 ; 3 vol. in-12, demi-rel. veau fauve, dos ornés, tête dor., éb. (*Ducharme*). 15 fr.

Bel exemplaire. Ces trois volumes contiennent *la Vie des grands hommes.*

80. Brispot (l'abbé). La Vie de N. S. Jésus-Christ , écrite par les quatre évangéliste. *Paris, Pilon*, 1853 ; 2 vol. in-fol., demi-rel. chagrin, plats toile, tr. dor. (*Rel. de l'éditeur*). 20 fr.

Illustré de 130 gravures sur acier, tirées sur PAPIER DE CHINE.

81. Brossard de Ruville. Histoire de la ville des Andelys et de ses dépendances. *Les Andelys*, 1864 ; 2 vol. gr. in-8, br. 7 fr.

Gravures sur bois dans le texte et hors texte.

82. Buffon. Œuvres complètes mises en ordre et précédées d'une notice historique par M. A. Richard. *Paris, Pourrat*, 1833 ; 22 vol. in-8, demi-rel. veau fauve, dos ornés, tr. jaspées. 75 fr.

Bel exemplaire dans une jolie reliure du temps.

Les tomes 21 et 22 contiennent l'atlas des mammifères et des oiseaux, 206 planches en couleurs dessinées par *Vauthier.*

83. Bulletin décadaire de la République française. *Vendémiaire-Fructidor an VII* (1800) ; 2 vol. in-8, demi-rel. vélin. 12 fr.

Recueil renfermant les 36 numéros de l'an VII.

84. Bulliard. Flora parisiensis, ou descriptions et figures des plantes qui croissent aux environs de Paris avec les différens noms, classes, ordres et genres qui leur conviennent, rangés suivant la méthode sexuelle de M. Linné, leurs parties caractéristiques, ports, propriétés, vertus et doses d'usage en médecine, etc.; ouvrage orné de plus de 600 gravures coloriées d'après nature. *Paris, P.-Fr. Didot le jeune*, 1776-1783 ; 6 vol. in-8, fig., veau fauve, fil., dos ornés, tr. dor. (*Anc. rel.*). 300 fr.

Bel exemplaire avec les figures coloriées.

85. Bulliard. Herbier de la France ou collection complète des plantes indigènes de ce royaume avec leurs détails anatomiques, leurs propriétés et leurs usages en médecine. *Paris, l'Auteur*, 1780 ; 4 vol. in-fol., cart., *non rognés*. 200 fr.

512 planches coloriées sur lesquelles il en manque 75 dans cet exemplaire.

86. Burgmaier. Images de Saints et Saintes issus de la famille de l'empereur Maximilien Ier. En une suite de 119 planches gravées en bois par différents graveurs d'après les dessins de Hans Burgmaier. *Vienne, Stockl.* 1799 ; in-fol., demi-rel. basane, éb. 180 fr.

PREMIER TIRAGE des 119 bois originaux gravés au commencement du XVIe siècle, et conservés dans la bibliothèque impériale de Vienne.

87. Byron. Œuvres complètes de lord Byron avec notes et commentaires comprenant ses mémoires publiés par Thomas Moore et ornées d'un beau portrait de l'auteur. *Paris, Dondey-Dupré*, 1830-31 ; 8 vol. demi-rel. veau, dos ornés, tr. jasp. 15 fr.

Portraits et figures gravés sur acier.

88. Cabanel (Alex.). Les Mois. Cartons des peintures de l'ancien Hôtel-de-ville. *Paris, E. Testard, s. d. ;* in-fol., en carton. 40 fr.

12 planches gravées au burin par *A. Jacquet*, tirées sur PAPIER DE CHINE appliqué.
Publié à 120 fr.

89. Cabinet (le) satyrique ou recueil parfaict des vers picquans et gaillards de ce temps. Tiré des secrets cabinets des sieurs de Sygognes, Regnier, Motin, Berthelot, Maynard et autres des plus signalez poëtes de ce siècle. *Paris. Jouxte, la coppie imprimée à Rouen*, 1632 ; in-8, vélin à recouvr. 40 fr.

90. Cabinet satyrique (Le), ou recueil parfait des vers piquans et gaillards de ce temps, tiré des secrets cabinets des sieurs de Sigognes, Regnier, Motin, Berthelot, Maynard et autres des plus signalés poëtes de ce siècle. Dernière

Et de Livres anciens et modernes

édition, *S. l.*, 1667-1672 ; 2 vol. pet. in-12, mar. rouge, dos orné, fil., tr. dor. 125 fr.

Nodier, dans sa Description raisonnée d'une jolie collection de livr. s, dit qu'il est très difficile de rencontrer les deux volumes de cette édition réunis. Elle a dû être imprimée à Rouen d'après l'édition elzévirienne de 1666.

91. **Cahier** (Ch.) et **Martin**. Vitraux peints de Saint-Etienne de Bourges. Recherches détachées d'une monographie de cette cathédrale. *Paris, Poussielgue*, 1841-1844 ; 2 vol. gr. in-fol., 73 planches coloriées, demi-rel. chagr. vert, *non rogné*. 600 fr.

Exemplaire bien complet de ce magnifique ouvrage avec les Etudes et la planche des Usages Civils.

92. **Calendrier** (Le) de la Cour, tiré des éphémérides. *A Paris, de l'imprimerie de Hérissant*, années 1766, 1769, 1773, 1777 ; 4 vol. in-18 allongé, 2 en mar. rouge et les 2 autres en mar. vert, dent., tr. dor. (*Anc. rel.*). 500 fr.

Petits volumes très frais portant les armoiries de la Duchesse de MAZARIN, Louise-Jeanne de DURFORT, femme de Louis-Marie Guy, duc d'AUMONT.
Provenance rare. Le fer contient les armes des d'AUMONT, accolées de celles des DURFORT.

93. **Callot** (Jacques). NOUVEAU TESTAMENT faict par Jacques Callot qui na sceu finir le reste prevenu de la mort l'année 1635. *Paris, Israël Henriet exc.*, s. d. ; in-16 oblong, vélin (*Reliure du temps*). 1.500 fr.

Suite de onze pièces y compris le titre par *A. Bosse* ; elle est complétée par la gravure de *Saint Jean dans le Désert* (M. 37-47). Epreuves AVANT LES LÉGENDES.
Le même volume renferme :
1. La Vie de l'Enfant prodigue, 1635 (53-63). 11 pièces, épreuves AVANT LES NUMÉROS.
2. Les Fantaisies de noble J. Callot. *Paris, Israël*, 1635 (868-881). 14 pièces y compris le titre, épreuves AVANT LES NUMÉROS.
3. Misère (sic) de la guerre fait par J. Callot. *Paris, Israël Henriet*, 1636 (557-563), titre et 6 pièces.
4. Exercices militaires fait par noble J. Callot. *Paris. Israël*, 1635 (582-594), titre et 12 pièces, épreuves AVANT LES NUMÉROS.
5. La Rencontre à l'épée et la Rencontre au pistolet (595-596), 2 pièces, épreuves AVANT LES NUMÉROS.
6. Balli di Sfessania di Jacomo Callot (641-664). 24 pl., épreuves AVANT LES NUMÉROS.
Ensemble 83 pièces.
Ce recueil dans sa première reliure est composé d'épreuves très fraîches et très brillantes à toutes marges.

94. **Calmet** (Augustin). Dictionnaire historique, critique, chronologique, géographique et littéral de la Bible, enrichi de plus de trois cents figures en taille douce qui représentent les antiquitez judaïques. Nouvelle édition, revue, corrigée et augmentée dans laquelle le supplément a été exactement refondu. *Paris, Emery*, 1730 ; 4 vol. in-fol., veau, dos ornés. 60 fr.

Ouvrage très estimé.

95. **Calmet**. Histoire généalogique de la maison du Châtelet, branche puînée de la maison de Lorraine, justifiée par les titres les plus authentiques, par le R. P. dom Calmet. *Nancy, veuve Cusson*, 1741 ; in-fol., mar. rouge, large dent., fil., dos orné, tr. dor. (*Anc. rel.*) 250 fr.

Bel exemplaire aux armes de la maison Du Châtelet.

96. **Campagne** (E.-M.). Dictionnaire universel d'éducation et d'enseignement, contenant tout ce qu'il y a de plus essentiel en matière d'éducation, d'enseignement primaire, d'enseignement secondaire. *Bordeaux, Gounouilhou*, 1874 ; in-8, demi-rel. chag. brun, plats toile. 10 fr.

97. **Cartes** et plans de plusieurs côtes d'Angleterre, d'Ecosse et d'Irlande, copiées sur celles du pilote cotier de la Grande Bretagne de Greenville-Collins ; in-fol., mar. rouge, dos orné, large dent., tr. dor. (*Rel. anc.*). 1.000 fr.

19 cartes par Bellin.
Magnifique reliure du XVIIIe siècle ornementée d'une large dentelle avec fleurons d'angles exécutée pour Anne-Robert-Jacques TURGOT, baron de l'Aulne, mort en 1781.

98. **Cassas** (L.-F.). Voyage pittoresque et historique de l'Istrie et de la Dalmatie, rédigé d'après l'itinéraire de L.-F. Cassas par Joseph Lavallée. Ouvrage orné d'estampes, cartes et plans dessinés et levés sur les lieux par Cassas, sous la direction de Née. *Paris, de l'impr. de P. Didot, an X* (1802) ; in-fol., demi-rel. dos et coins de mar. rouge, *non rogné*. 65 fr.

Exemplaire avec double épreuve des gravures, AVANT et avec lettre.

99. **Catalogue** des livres imprimés et manuscrits de M. le comte de

PONT-DE-VESLE, divisé en deux parties, dont la première contient une collection presqu'universelle de pièces de Théâtre. *Paris, Le Clerc,* 1774 ; in-8, veau fauve. 15 fr.

> La première partie de cette collection fut vendue à l'amiable 15.000 fr. au duc d'Orléans. La seconde, dispersée en vente publique : les prix d'adjudication sont indiqués à la marge.

100. **Catalogue** des livres du cabinet de feu M. RANDON DE BOISSET, receveur général des Finances, dont la vente se fera le 3 février 1777. *Paris, de Bure,* 1777 ; in-12, bas. (*Rel. anc.*). 10 fr.

> 1.450 articles, avec table alphabétique des auteurs, et prix manuscrits d'adjudication.

101. **Catalogue** des médailles antiques et modernes, principalement des inédites et des rares, en or, argent, bronze, etc., du cabinet de M. d'ENNERY, écuyer. *Paris, de l'imprimerie de Monsieur,* 1788 ; in-4, demi-veau, *non rogné.* 8 fr.

> Avec une table de toutes les médailles de Rois contenues dans cette collection. Quelques raccommodages.

102. **Catalogue** raisonné des tableaux, dessins, estampes, figures de bronze et de marbre, etc., qui composaient le cabinet de feu M. POULLAIN, rédigé par J. B. P. Le Brun. *Paris, Langlier,* 1780 ; in-8, front., demi-rel. dos et coins de mar. citron, éb. 60 fr.

> Avec les prix manuscrits.
> Beau frontispice de *J. B. P. Le Brun* gravé par *Dambrun.*

103. **Catalogue** des tableaux, miniatures, peintures, à gouache, bronzes, boîtes d'or, de lacq, bagues et autres bijoux après décès de M. VILLEMINOT, par Pierre Remy ; de feu M. Saly, de feu M. Dumont et autres. *Paris, Remy,* 1776 ; 7 part. en un vol. in-12, veau marb. 30 fr.

104. **Catalogue** des vases, colonnes, tables de marbre, figures de bronze, porcelaines de choix, laques, meubles précieux, pendules, lustres, bijoux, etc., qui composent le cabinet de feu M. le DUC D'AUMONT, rédigé par F. Julliot et J. Paillet. *Paris, F. Julliot,* 1782 ; in-8, pl., veau marb. 75 fr.

> 30 planches (mal numérotées) de vases, meubles, bronzes, etc.
> Exemplaire avec les prix et le nom des acquéreurs.

105. **Catullus, Tibullus** et **Propertius,** et quæ sub Galli nomine circumferuntur ; eum selectis variorum commentariis. Accurante Simone abbes Gabbema. *Trajecti ad Rhenum, typis Gisberti à Zijll, et Theodori ab Ackersdijck,* 1659 ; un tome en 2 vol. pet. in-8, mar. bleu, dos orné, fil., tr. dor. (*Rel. anc.*). 1.600 fr.

> Très bel exemplaire de LONGEPIERRE. avec la Toison d'or sur le dos et les plats de la reliure

106. **Caylus** (Comte de). Facéties avec une notice bio-bibliographique par Octave Uzanne. *Paris, Quantin,* 1879 ; in-8, br. 6 fr.

> Portrait par *Lalauze,* d'après *Cochin* vignette par *Gaujean.* — Papier de Hollande.

107. **Caylus** (Mme de). Les souvenirs de Madame de Caylus. *Amsterdam, Rey,* 1770 ; in-12, demi-rel. chag. violet, dos orné, tête dorée. 10 fr.

> Édition originale publiée par les soins de Voltaire. Texte encadré.

108. **Cephalas.** Anthologiæ græce a Constantino Cephala conditæ. Libri tres. Ad editionem leipsiensem Joannis Jacobi Reiske expressi. Accedunt interpretatio latina, poetarum authologicorum notitia, indices necessarii. *Oxonii e typographeo Clarendorniano,* 1766 ; in-8, mar. vert, dent. et fil. à froid sur le dos et sur les plats, milieux, dent. int., tr. dor. 30 fr.

> Très bel exemplaire.

109. **Cervantes** (Michel de). Don Quichotte de La Manche traduit de l'espagnol par Florian. Ouvrage posthume. *A Paris, de l'imprimerie de Didot l'aîné, chez Deterville, an VII ;* 6 vol. in-12, mar. bleu, fil., dos ornés, tr. dor. (*Rel. anc.*). 80 fr.

> Bel exemplaire.

110. **Chansonnier** (Le Petit) françois ou choix des meilleures chansons sur des airs connus. Troisième édition. *A Genève, et à Paris, chez la veuve Duchesne,* 1782 ; 2 vol. in-8, veau, fil., dos ornés, tr. jaspées. (*Rel. anc.*). 10 fr.

> 2 frontispices par *Marillier.* — Moulures au 2° volume.

Et de Livres anciens et modernes

111. Chansonnier nouveau. Recueil de diverses chansons populaires, par Arnaud, Audiffred, Vissière, etc. *Paris, vers 1846*; in-12, mar. rouge jans., tr. dor. (*Belz-Niedrée*). 15 fr.

112. Chansons. XVe livre de Chansons pour danser et pour boire. *Paris, Robert Ballard, 1646*; pet. in-8, mar. vert, dos orné, fil., tr. dor. (*David*). 40 fr.

Ce recueil renferme 46 chansons par *Mollier, Boyer, Beaulieu* et autres.
Bel exemplaire.

113. Charpilon et **Caresme**. Dictionnaire historique, géographique et statistique de toutes les communes du département de l'Eure par Mr Charpilon, ancien juge de paix, et M. l'abbé Caresme. *Les Andelys, Delcroix, 1873-1879*; 2 vol. in-4, br. 20 fr.

Figures gravées sur bois.

114. Chasses. Vingt-trois planches gravées en taille-douce, montrant différentes sortes de pièges, la manière de les tendre et de les placer, trapes, filets, appareils à ressort, tant pour les oiseaux que pour les cerfs, loups, sangliers, etc. 12 fr.

115. Chateaubriand. Les Natchez. *Paris, Lefèvre, 1829*; 2 vol. in-8, demi-rel. dos et coins bas., dos ornés, *non rognés*. 6 fr.

116. Chefs-d'œuvre d'Art (Les) au Luxembourg, publiés sous la direction de M. Eug. Montrosier, avec le concours littéraire de M. L. Allard, Th. de Banville, Champfleury, J. Claretie, F. Coppée, A. Daudet, Th. Gautier, A. Houssaye, J. Janin, Lamartine, G. Sand, Theuriet, L. Ulbach, Ch. Yriarte, etc., etc., poésies d'Adrien Dézamy. *Paris, Baschet, 1881*; in-fol., en livraisons, dans un carton. 60 fr.

Exemplaire sur PAPIER DE HOLLANDE, avec gravures sur CHINE.

117. Choix de Petits Romans de différens genres ; par M. L. M. D. P. (marquis de Perdilmy). *Londres ; et se trouve à Paris, chez Gattey, 1789*; 2 vol. in-18, mar. rouge, dos ornés, fil., tr. dor. 70 fr.

Aux armes de Thiroux de Crosne.

118. Cholières. Œuvres du seigneur de Cholières, édition préparée par

Ed. Tricotel. Notes, index et glossaire par D. Jouaust. Préface par Paul Lacroix. *Paris, Jouaust, 1879*; 2 vol. in-8, demi-rel. chag. brun, têtes dorées, *non rognés*, couv. cons. 15 fr.

Tome I, Les Matinées. — Tome II, Les Après-Dinées.
État de neuf.

119. Chomél (J.-B.). Abrégé de l'histoire des Plantes usuelles, dans lequel on donne leurs noms différens, tant français que latins, par J.-B. Chomel. Quatrième édition, revuë et corrigée. *Paris, J. Clouzier, 1730*; 3 vol. in-12, veau fauve, dos orné (*Rel. anc.*). 40 fr.

Aux armes de Louise-Adélaïde d'ORLÉANS, abbesse de Chelles, fille du Régent.

120. Cloppenburgh (J.-E.). Le Miroir de la cruelle, et horrible tyrannie espagnole perpetrée au Pays Bas, par le tyran Duc de Albe, et aultres Commandeurs de par le Roy Philippe le deuxiesme. On a adjoinci la deuxiesme partie de les (*sic*) tyrannies commises aux Indes Occidentales par les Espagnols (par Jean - Everhardts Cloppenburgh, d'après Bartholomé de Las Casas). *Amsterdam, Cloppenburg, 1620*; 2 parties en 1 vol. in-4, titres-front. gr., bas. ant. fatiguée. 65 fr.

Rare et curieux ouvrage orné de 37 figures en taille-douce représentant les supplices exercés par les Espagnols sur les habitants des Pays-Bas, dans la première partie, et sur ceux de Cuba, du Mexique, du Pérou, du Vénézuela, du Guatemala, etc., dans la seconde.

121. Colardeau. Œuvres. *Paris, Ballard et le Jay, 1779*; 2 vol. in-8, veau fauve, dos orné, fil., tr. dor. (*Rel. anc.*). 40 fr.

Bel exemplaire orné d'un portrait de l'auteur d'après *Voiriot* et de 11 jolies figures de *Monnet*, gravées par *Legrand, Mathieu, de Launay, Baquoy, Helman*, etc.

122. Colet (Mme Louise). Poésies. *Paris, impr. de Lacrampe, 1842*; in-fol., demi-rel. dos et coins de mar. rouge, tête dor., *non rog.* 20 fr.

PAPIER VÉLIN. Fac-similé d'écriture.

— Le même. *Paris, 1842*; in-fol., br. 12 fr.

123. Collection des anciens monuments de l'histoire et de la langue française, publiée par G. A. Crapelet. *Paris*, 1826-1835 ; gr. in-8, br. et reliés (Ouvrages séparés).

1. THIBAULT DE MARLY. Vers sur la Mort. 1 vol., br.   5 fr.
2. Cérémonies des gages de bataille. 1 vol., br.   8 fr.
3. Les Demandes faites par le roi Charles VI touchant son état et le gouvernement de sa personne. 1 vol., br.   10 fr.
4. Le Pas d'armes de la Bergère, maintenu au tournoi de Tarascon. 1 vol., br.   8 fr.
5. Lettres de Henri VIII à Anne Boleyn. 1 vol., br.   8 fr.
6. Le Combat de trente Bretons, contre trente Anglais. 1 vol., br., rare. 15 fr.
7. L'Histoire du Châtelain de Coucy et de la dame de Fayel. 1 vol. cart., *non rogné*, rare.   30 fr.
8. MAILLARD. Histoire de la passion de Jésus-Christ, composée en 1490. 1 vol. demi-mar. bleu avec coins, tête dor., *non rogné*, dos orné (*David*).   15 fr.

124. **Collection** des anciennes descriptions de Paris. *Paris, Quantin,* 1878-1882 ; 8 vol. in-12, br. 35 fr.

Davity, Ranchin, Rocoles. La Prevosté de Paris et l'Isle de France, 1 vol. — André Thevet. La Grande et excellente Cité de Paris, 1 vol. — Michel de La Rochemaillet. Théâtre de la ville de Paris, 1 vol. — Michel de Marolles. Paris, ou description de cette ville, 1 vol. — Isaac de Bourges. Description des Monuments de Paris, 1 vol. — Ant. du Mont Royal. Les glorieuses antiquitez de Paris, 1 vol. — Fr. de Belleforest. L'ancienne et grande cité de Paris, 1 vol. — Jean-Paul Marana. Lettres d'un sicilien à un de ses amis, 1 vol. — Exemplaire sur PAPIER DE HOLLANDE.

125. **Collection** des chroniques nationales françaises, avec notes et éclaircissements par J.-A. Buchon. *Paris, Verdière,* 1824-1829 ; 22 vol. in-8, demi-rel. dos et coins veau vert, dos ornés, tr. jasp.   80 fr.

Froissart, 16 vol. — Chastelain, 3 vol. — Lignages, 2 vol. — Ville-Hardouin, 1 vol.

126. **Collection** de sculptures antiques, grecques et romaines, trouvées à Rome dans les ruines des Palais de Néron et de Marius. *Paris, Joullain,* 1755 ; pet. in-4, veau, fil., dos orné.   50 fr.

Frontispice par *Adam*. Vignette et 61 planches dessinées d'après des marbres antiques par *Adam* et gravées par *Surugue fils, Tardieu, Defehrt, Che-*

vilet, etc. Toutes ces planches coupées de la reliure et séparées forment, plutôt qu'un volume, une suite dans un carton.

127. **Comestor**. HISTORIA SCHOLASTICA. (Autore Petrus Comestor). *S. l. n. d.* ; 1 tome en 2 vol. in-fol., goth., cart.   600 fr.

Rare incunable débutant par les mots : *Reuerendo patri ac dño suo Guilhelmo...* et se terminant à la 38ᵉ ligne de la 2ᵉ col. du recto du dernier feuillet. Il comprend 305 ff. (le 102ᵉ qui est blanc est collé sur la garde) imprimés à 2 colonnes de 42 lignes, sans chiffres ni réclame.

En tête est une épître adressée à Guillaume (de Champagne), archevêque de Sens, par Pierre (Comestor), prêtre de Troyes, qui fut ensuite chancelier de l'église de Paris, où il mourut en 1198.

Panzer attribue l'impression de ce volume à un typographe anonyme de Strasbourg. Hain (n° 5530) la croit d'Ulric Zell, de Cologne. Copinger (Suppl. à Hain) affirme qu'il sort des presses de Conrad de Homborch, de Cologne, et qu'il a été exécuté en 1475. Ce dernier bibliographe ne mentionne dans son excellent travail que les deux seuls exemplaires du Bristish Museum et de la Bibl. de l'Université de Cambridge.

Le 1ᵉʳ feuillet blanc manque. — Légères déchirures au début du volume.

128. **Comines**. Mémoires de messire Philippe de Comines, seigneur d'Argenton, où l'on trouve l'histoire des rois de France Louis XI et Charles VIII. Nouvelle édition par Messieurs Godefroy, augmentée par M. l'abbé Lenglet Du Fresnoy. *A Londres, et à Paris, chez Rollin,* 1747 ; 4 vol. in-4, veau marbré, dos ornés.   50 fr.

Portraits de l'auteur de Charles le Hardi, duc de Bourgogne, Louis XI, Charles VIII, frontispice et vignettes. Exemplaire avec la dédicace au maréchal de Saxe supprimée dans la plupart des exemplaires. Mouillures.

129. **Commines**. Les Mémoires de Philippe de Commines, seigneur d'Argenton, contenans l'histoire des roys Louis XI et Charles VII depuis l'an 1464 jusques en 1498. Edition revue et augmentée par Denys Godefroy. *Paris, imprimerie royale,* 1649 ; in-fol., veau, dos orné.   20 fr.

Bel exemplaire réglé. Reliure fatiguée.

130. **Confiturier** (le) royal, ou nouvelle instruction pour les confitures, les liqueurs et les fruits, où l'on apprend à confire toutes sortes de fruits, tant secs que liquides ; la façon de faire différens rata-

fias et divers ouvrages de sucre...
avec la manière de bien ordonner
un Fruit et des Dessins de table.
Cinquième édition, revue et augmentée. *Paris, Le Clerc, 1776*;
in-12, veau.　　　　20 fr.

　　3 planches gravées se dépliant.

131. Cooper (J. F.). Œuvres complètes, trad. de M. Defauconpret.
Paris, Furne, 1830; 30 vol. in-8,
fig., demi-rel. chag.,*non rog.* 120 fr.

132. Corneille (Pierre). L'Imitation
de Jésus-Christ, traduite en vers
françois par Pierre Corneille. Livre
premier (et livre second). *A Paris,
par Robert Ballard, Pierre Recolet,
Ant. de Sommaville et André Sou-
bron*, 1654; 6 ff. prél. y compris le
front. et 1 planche, 239 pp. y compris 36 fig. — L'Imitation de Jésus-
Christ, traduite en vers françois
par P. C. (P. Corneille), enrichie
de figures de taille-douce sur chaque chapitre. Livre troisième. *A
Paris, par Robert Ballard*, 1654;
6 ff. prél. y compris le front.,
180 pp. y compris 30 fig. — Ens.
2 part. en 1 vol. in-12, front., nombreuses figures sur cuivre, mar.
rouge, dos orné, fil., dent. int., tr.
dor. (*Hardy-Mennil*).　　　70 fr.

　　Jolie édition renfermant les deux premiers livres et les trente premiers chapitres du troisième. Elle est ornée de
figures gravées en taille-douce par *R. du
Clos*, *H. David* et *Le Brun*.
　　Hauteur : 142 mill.

133. Corneille (P.). L'Imitation de
Jésus-Christ traduite et paraphrasée
en vers françois par P. Corneille.
*Imprimée à Rouen par L. Maurry
pour Robert Ballard, à Paris*,
1656 ; pet. in-4, mar. citron, fil. à
la Duseuil, dos orné, tr. dor. 150fr.

　　Edition originale de la traduction complète de l'Imitation faite par Corneille.

134. Corneille (H.). Théâtre, avec
des commentaires (par Voltaire) et
autres morceaux intéressans. Nouvelle édition augmentée. *Genève*,
1774 ; 8 vol. in-4, veau ant., écaille,
dos ornés, tr. marb.　　　120 fr.

　　Frontispice par *Pierre*, figures par
Gravelot.

135. Corrozet (Gilles). Hecatomgra-
phie, c'est-à-dire les déclarations
de plusieurs apophtegmes, proverbes, sentences et dictz, tant des
anciens que des modernes. *S. l. n. d.*

(*Lyon, Denis de Harsy, vers 1540*);
pet. in-8, de 52 feuillets non chiff.,
vélin.　　　　100 fr.

　　Edition portant sur le titre la marque
de l'Icarus qui est celle de Denis de Harsy,
imprimeur lyonnais. Cette impression offre
diverses variantes avec les trois éditions de
1540, 1541 et 1543, donnés par Janot, ce
qui ferait supposer qu'elle est antérieure
à celles-ci et par conséquent la première.
　　La même reliure renferme également le
*Théâtre des bons Engins auquel sont con-
tenus cent emblèmes (par Guill. de La
Perrière)*. S. l. n. d. ; in-8 de 28 ff. Edition
également imprimée par D. de Harsy, de
Lyon, et que Brunet considère comme
l'originale. (Exempl. incomplet du f. D.)
　　2° *La parfaite et absolue raison de
chiromancie, par André Corve ou Cor-
beau.* Fragment auquel il manque les
17 premiers ff.
　　3° *L'Armeure de pacience.* Paris, Jean
André, 1537 ; pet. in-8 goth. (Incomplet du
titre et d'un f.

136. Corrozet et Champier. Le
Catalogve des Antiqves érections
des villes et cités, fleuues et fontaines, assises ès troys Gaules cest
assauoir Celticque, Belgicque et
Aquitaine contenant deulx liures.
Le premier faict et composé par
Gilles Corrozet, Parisien, le second
par Claude Champier, Lyonnois,
auec ung petit Traicté des fleuues
et fontaines admirables estans es-
dictes Gaules, histoire tres utile et
delectable nouuellement mise en
lumière. *On les vend à Lyon, chez
Françoys Juste, s. d.;* pet. in-16,
caract. goth., fig. sur bois, mar.
rouge jans., dent. int., tr. dor.
(*Cuzin*).　　　　200 fr.

　　Jolie édition imprimée en lettres rondes,
ornée de curieuses figures. Dans le Traité
des *Fontaines admirables* se trouvent
citées les diverses eaux minérales (*fontaines chaudes*) que l'on connaissait à
cette époque.
　　L'ouvrage se termine par le traité de
Claude Champier : *Des saincts lieux de
Gaule, la ou nostre seigneur par l'inter-
cession des saincts, faict plusieurs miracles.*

137. Coste (F. Hilarion de). Les
Eloges de nos rois, et des enfans
de France, qui ont esté dauphins
de Viennois, comtes de Valentinois
et de Diois. Avec des remarques
curieuses du Pais et de la noblesse
de Daufiné, où se voient aussi plusieurs armoiries blasonnées des
Maisons de ce Royaume et des Pais
étrangers. *Paris, S. Cramoisy*,
1643 ; in-4, mar. bleu, dos fleur-
delisé, fil., tr. dor. (*Capé*)　85 fr.

Achat de Bibliothèques

138. **Costumes**. Iconographie générale et méthodique du costume du IVᵉ au XIXᵉ siècle (315-1815). Collection gravée à l'eau-forte d'après des documents authentiques et inédits, par Raphaël Jacquemin. *Paris, s. d.* (1863-1869) ; 2 vol. in-fol., cart. toile. 160 fr.

200 planches en couleur. L'ouvrage le plus exact et le plus précis publié sur les costumes. Il a été séparé en deux volumes : dans l'un on a réuni tous les costumes d'hommes, au nombre de 138 planches ; dans l'autre tous les costumes de femmes au nombre de 62.

139. **Costumes** des grands théâtres de Paris accompagnés de notices intéressantes et curieuses. Ouvrage périodique. Nᵒ XIII, vendredi 21 juillet 1786, au nᵒ XXIV du 15 octobre 1786 ; 1 vol. — 4ᵉ année, 1789, nᵒ 5 au nᵒ 20 ; 1 vol. Ens. 2 vol. in-8, cart., *non rognés.* 35 fr.

26 pl. de costumes en noir et en couleur.

140. **Costumes**. Modes et costumes historiques dessinés et gravés par Pauquet frères, d'après les meilleurs maîtres de chaque époque et les documents les plus authentiques. *Paris, Pauquet frères, s. d.* (vers 1865); 2 vol. in-4, cart. toile. 180 fr.

179 très jolies planches gravées en couleur. L'ouvrage a été divisé en deux parties : l'une renferme les costumes historiques français, l'autre les costumes hisriques étrangers. On a ajouté à la fin de ce dernier volume 12 planches dessinées par *Amiot* et gravées par *Nargeot* et *Massard.*

141. **Couillard** (Antoine). Les Antiquitez et les singularitez du monde, par le seigneur du Pavillon, près Lorriz. *Paris, Jean Dallier,* 1557 ; pet. in-8, mar. brun, dos orné, enc. de fil., tr. dor. 100 fr.

Rare édition que seul Du Verdier a connue et bien datée. Elle est dédiée à Gaspard de Coligny « admiral de France ». On trouve à la fin de la dédicace la devise d'Antoine Couillard : « *On t'a ci rendu loial* ». répétée à la fin du volume, qui donnerait en anagramme, si les premières lignes du « Proeme » ne le faisait connaître, le nom véritable de l'auteur.

142. **Courval-Sonnet**. Les Satyres du sʳ Thomas de Courval Sonnet et satyre Menippée sur les poignantes traverses du mariage. *Paris, Rolet Boutonné,* 1621 ; in-8, portr., mar. citron, fil., dent. int., dos orné, tr. dor. *(Thibaron-Joly).* 200 fr.

Edition rare. Elle est dédiée à la reine Marie de Médicis. En tête de la première satire se trouve un superbe portrait de l'auteur, très finement gravé, signé : *Matheus fecit.*
54 pp. liminaires, 112 pp. pour les satires. 102 pp. pour la Satyre Ménippée sur les poignantes traverses du mariage, 1 f. pour le privilège.

143. **Crenne** (Helisenne de). Les Angoysses douloureuses qui procedent d'Amours : composee par Dame Helisenne de Crenne. *S. l. n. d. (Lyon, Denis de Harsy, vers 1540* ; 2 part. en 1 vol. pet. in-8, mar. citron, dos orné, fil., coins remplis, tr. dor. *(Hardy).* 200 fr.

Belle et rare édition imprimée en lettres rondes par Denis de Harsy, de Lyon, dont les titres portent la marque « *ne hault, ne bas* », et illustrée de très jolies petites figures gravées sur bois.
Le volume se termine par 8 ff. pour *l'Ample narration faicte par Quezinttra en regrettant la mort de son compaignon Guenelic et de sa dame Helisenne.*

144. **Crescens** (Pierre de). LE LIVRE DES PROUFFITS CHAMPESTRES et ruraulx, composé par Maistre Pierre des Crescens. Traduit de langue toscane en françoys, auquel est traicté de la congnoissance du bon air, de la bonne terre, des bonnes eaues, du labour des champs, vignes, jardins, etc., de la manière de nourrir toutes bestes, volailles et oiseaulx de proye, pareillement la manière de prendre toutes bestes sauvages, poissons et oyseaux. *Lyon, Pierre de Saincte-Lucie dict le Prince,* 1539 ; pet. in-fol. goth., fig. sur bois, veau brun, mosaïque sur les plats, tr. dor. cisel. 750 fr.

Belle édition en caractères gothiques. Elle se compose de 8 et 171 ff. imprimés sur 2 colonnes avec figures sur bois insérées dans le texte.
Jolie reliure à compartiments peints et à fond criblé. imitée des reliures lyonnaises du XVIᵉ siècle.

145. **Cruikshank** (Georg.). An essay on the genius of George Cruikshank. From the Westminster review illustrated by three hundred and forth etchings from his most popular works 1804-1854 ; 3 vol. gr. in-4, demi-rel. dos et coins mar. citron, dos ornés, tr. dor. *(Rivière).* 550 fr.

Curieux recueil de 340 dessins noirs et coloriés. extraits des revues ou des ouvrages illustrés par le célèbre caricaturiste anglais. Portrait et notice. Dédicace autographe de Cruikshank. Toutes ces pièces réunies sous un titre manuscrit sont collées et montées sur onglet.

Et de Livres anciens et modernes

146. **Custine**. L'Espagne sous Ferdinand VII par le marquis de Custine. *Bruxelles, Wouters*, 1844; 4 tomes en 2 vol. in-8, dos et coins de chagr. vert, dos ornés, tr. jasp. 10 fr.

Bel exemplaire.

147. **Custine**. La Russie en 1839. *Bruxelles, Wouters*, 1843 ; 4 tomes en 2 vol. in-8, demi-rel. dos et coins de chagr. vert, dos orné, tr. jasp. 10 fr.

148. **Danet** (G^me). L'art des armes où l'on donne l'application de la théorie à la pratique de cet art avec les principes méthodiques adoptés dans nos écoles d'armes. *Paris, Belin, an VI de la République*; in-8, demi-rel. bas. 10 fr.

Ouvrage enrichi de 23 planches explicatives, d'un portrait, d'un front. dessinés par *Vaxcillere*, gravés en taille-douce par *L.-G. Taraval*.

149. **Daniel**. Histoire de la milice françoise et des changements qui s'y sont faits depuis l'établissement de la monarchie dans les Gaules jusqu'à la fin du règne de Louis le Grand. *Paris, Coignard*, 1721 ; 2 vol. in-4, demi-rel. vélin. 40 fr.

2 frontispices et 68 planches gravées en taille-douce. Bel exemplaire de cet ouvrage rempli de recherches curieuses.

150. **Dantier** (Alphonse). Les Femmes dans la société chrétienne. *Paris, Firmin-Didot*, 1879 ; 2 vol. gr. in-8, br. 10 fr.

Ouvrage illustré de 4 photogravures et 200 gravures sur bois, d'après les monuments de l'art.

151. **Daudet** (Alph.). Œuvres de Alphonse Daudet. *Paris, Alphonse Lemerre*, 1879-1891 ; 18 vol. pet. in-12, portr., br. 110 fr.

L'un des 25 exemplaires sur PAPIER WHATMAN, avec la suite des 6 eaux-fortes (tirées in-8) de *Félix Buhot* pour les *Lettres de mon Moulin*.

152. **David**. Histoire de France représentée par figures accompagnées de discours... Les figures gravées d'après les plus célèbres artistes, par M. David... le discours par M. l'abbé Guyot... *Paris, David*, 1787-1796 ; 5 volumes in-4, veau marbr., plats et dos ornés, tr. dor. 120 fr.

Frontispice et 175 figures gravées par *David*.

153. **Davila** (H.-C.). Histoire des guerres civiles de France contenant tout ce qui s'est passé de plus mémorable soubs le règne de quatre rois, François II, Charles IX, Henri III et Henri IV, jusques à la paix de Vervins inclusivement, escrite en italien par H.-C. Davila et mises en françois par I. Baudoin. *Paris, Rocolet*, 1644 ; 2 vol. in-fol., veau, large dent. fleurdelisée, dos ornés, tr. dor. 60 fr.

En-tête et initiale de dédicace gravés en taille-douce. Exemplaire aux armes du roi Louis XIII. Rel. fat.

154. **Daviti**. Liste et origine de tous les ordres de chevaleries militaires et civils, qui ont été institués par les papes et par les princes chrétiens jusqu'à la fin du XVIe siècle, publié par Gay. *Turin*, 1876 ; in-8, br. 3 fr.

155. **Decremps**. La magie blanche dévoilée ou explication des tours surprenans qui font depuis peu l'admiration de la capitale et de la province. *Paris, Lesclapart*, 1788. — Les petites aventures de Jérôme Sharp, professeur de physique amusante. *A Bruxelles, chez la Vve Dujardin et à Paris, chez Defer de Maisonneuve*, 1789. — Le testament de Jérôme Sharp. *Paris, Lesclapart*, 1788. — Codicile de Jérôme Sharp. *Paris, Lesclapart*, 1788 ; 4 vol. in-8, demi-rel. bas. 15 fr.

Portrait de Decremps. Figures explicatives gravées sur bois.

156. **Defoe** (Daniel). La vie et les aventures de Robinson Crusoë, traduction revue et corrigée sur la belle édition donnée par Stockdale en 1790, augmentée de la vie de l'auteur qui n'avait pas encore paru. *Paris, Verdière, de l'imprimerie de la Vve Panckoucke*, an VIII (1800) ; 3 vol. in-8, cart., *non rognés*. 30 fr.

3 fleurons, 15 figures et portrait par *Delignon*, d'après les dessins originaux de *Stothart*, gravés en taille-douce par *Delvaux*. Carte-mappemonde gravée par *Tardieu*. La plus belle édition que nous ayons de cette traduction du Robinson.

157. **Delafosse**. Nouvelle iconologie historique, ou attributs hiéroglyphiques, par Jean-Charles Delafosse, architecte. *Paris, J.-F. Che-*

reau, 1771 ; demi-rel. mar. rouge, tr. marbr. 250 fr.

Rare recueil bien complet comprenant outre le texte gravé, un titre, 1 frontispice et 108 planches de modèles de vases, de trophées, de cheminées, de cartels, de fontaines, de pendules, de consoles et autres sujets.

Exemplaire en parfait état de conservation.

158. **Delamare**. Traité de la police où l'on trouvera l'histoire de son établissement, les fonctions et les prérogatives de ses magistrats, toutes les lois et tous les règlemens qui la concernent. *Paris, 1705-1738* ; 4 vol. in-fol., veau, dos ornés. 50 fr.

Ouvrage rempli de recherches curieuses. On y trouve une description historique et topographique de Paris et huit plans gravés qui représentent l'ancien état de cette ville et ses divers accroissements.

159. **Delesclache** (Louis). L'art de discourir des passions, des biens et de la charité ou une méthode courte et facile pour apprendre les tables de la philosophie qui ont été faites. *Paris, l'autheur,* 1660 ; in-4, veau (*Rel. anc.*). 20 fr.

Tables gravées en taille-douce par *Richer*.

160. **Descrittione** di Roma antica e moderna. Nella quale si contengono, chiese, monasterii, hospedali, compagnie, collegii, e seminarii, sempii, teatri, etc. *In Roma, appresso Andrea Fei*, 1643 ; in-12, veau, dos orné. 12 fr.

Fleuron, nombreuses figures gravées sur bois, reproduisant des vues et les monuments de Rome.

161. **Dessins**. Livre de plantes, de papillons et d'insectes peints au naturel. *S. l. n. d.;* in-fol., veau, dos orné. 200 fr.

Très joli recueil de DESSINS ORIGINAUX EN COULEUR exécutés au XVIII* siècle, comprenant *cent soixante-quatre* feuillets ornés d'un à quatre sujets.

162. **Dezobry** (Ch.). Rome au siècle d'Auguste ou voyage d'un Gaulois à Rome à l'époque du règne d'Auguste et pendant une partie du règne de Tibère. *Paris, Dezobry,* 1846 ; 4 vol. in-8, demi-rel. vélin, éb. 10 fr.

Les figures manquent.

163. **Dictionnaire** d'anectotes, de traits singuliers et caractéristiques, historiettes, bons mots, naïvetés,

saillies, etc. (par Honoré Lacombe de Prezel). *Paris, Hérissant, 1769* ; 2 vol. in-12, veau granit. 12 fr.

164. **Dictionnaire** universel historique, critique et bibliographique. Neuvième édition, revue, corrigée et augmentée de 16000 articles environ, par une société de savans français et étrangers. Ornée de 1.200 portraits en médaillons. *Paris,* 1810-1812 ; 22 vol. in-8, cart. 40 fr.

165. **Diderot**. Œuvres complètes avec notices, notes, table analytique et étude par J. Assézat et M. Tourneux. *Paris, Garnier,* 1875-1877 ; 20 vol. in-8, demi-rel. mar. rouge, tr. jasp. 120 fr.

Un des 100 exemplaires numérotés sur papier de Hollande.

166. **Dinaux** (Arthur). Siège et prise de Valenciennes en 1677, par Louis XIV. Relations et pièces originales du temps, recueillies par A. Dinaux. *Valenciennes,* 1856 ; in-8, plan, mar. rouge, fil. à froid, tête dor., *non rogné (Poirier)*. 30 fr.

Exemplaire de l'auteur avec son portrait photographique ajouté.

167. **Divorce** (le) de l'amour et de l'hyménée. — Voyage de Messieurs de Bachaumont et La Chapelle — L'Allée de la seringue ou les noyers, poème héroïque en quatre chants par le sieur D*** (Eustache Le Noble). *S. l. n. d.;* ensemble un vol. in-12, veau, dos orné. 10 fr.

168. **Doppet**. Le Médecin de l'amour. *A Paphos et se trouve à Paris, chez Leroy,* 1787 ; in-8, br. 5 fr.

Ouvrage médico-romanesque. Frontispice par *Chapuy*.

169. **Dorat**. La Déclamation théâtrale, poëme (par Dorat). *Paris, Delalain, 1771* ; in-8, veau marbr. 20 fr.

Exemplaire en GRAND PAPIER. Frontispice et 4 figures d'Eisen, gravés par de Ghendt.

170. **Doré** (G.). La Sainte Bible, traduction nouvelle selon la vulgate, par MM. J. Bourassé et P. Janvier. *Tours, A. Mame,* 1866 ; 2 vol. in-fol., cart., *non rognés*. 100 fr.

Illustrations de *G. Doré*. Texte ornementé par *H. Giacomelli*. Très bel ouvrage dans son cartonnage d'éditeur.

Et de Livres anciens et modernes

171. **Doré** (G.). L'Enfer de Dante Alighieri avec les dessins de Gustave Doré. Traduction française de Pier-Angelo Florentino accompagnée du texte italien. *Paris, Hachette*, 1861 ; in-fol., cart. rouge.   50 fr.

172. **Du Bartas**. Les Œuvres poétiques de G. de Saluste, seigneur du Bartas, prince des poëtes françois. En cette nouvelle édition est contenu tout ce qu'a esté mis en lumiere dudit auteur, tant avant qu'après sa mort. Le tout reveu et augmenté avec argumens nouveaux. *Rouen, Jacq. Cailloué*, 1623 ; pet. in-12, mar. rouge, dos orné, fil., tr. dor.   70 fr.

Jolie édition, l'une des plus complètes des œuvres de cet auteur.

173. **Du Bellay** (Joachim). Les Œuvres françoises de Joachim du Bellay, gentilhomme angevin et poëte excellent de ce temps. Reveues, et de nouveau augmentées de plusieurs poésies non encores auparavant imprimées. *Paris, impr. de Federic Morel*, 1574 ; in-8 de 560 ff., mar. citron, dos orné, fil., tr. dor. (*Trautz-Bauzonnet*). 350 fr.

Superbe exemplaire de cette édition collective publiée par Guillaume Aubert, auquel on a ajouté un joli portrait de l'auteur gravé par *Léonard Gaultier*.

174. **Du Camp** (Maxime). Paris, ses organes, ses fonctions et sa vie dans la seconde moitié du XIXe siècle. *Paris, Hachette*, 1883-1896 ; 6 vol. in-12, demi-rel. chag. bleu, têtes dor.   35 fr.

Exemplaire à l'état de neuf.

175. **Du Camp** (Maxime). Souvenirs littéraires. *Hachette*, 1882 ; 2 vol. in-8, demi-rel. chagr. bleu, tr. jasp.   8 fr.

Bel exemplaire.

176. **Du Choul** (Guill.). Discours sur la castramatation et discipline militaire des Romains ; des bains et antiques exercitations grecques et romaines ; de la religion des anciens Romains. *Wesel, André de Hoogenhuyse*, 1672 ; in-4, vélin. 15 fr.

Ouvrage curieux contenant de nombreuses figures gravées sur cuivre. — Raccommodage au dernier feuillet.

177. **Du Fail** (Noël). Contes et discours d'Eutrapel, réimprimés par les soins de D. Jouaust, avec une notice, des notes et un glossaire par C. Hippeau. *Paris, Jouaust*, 1875 ; 2 vol. in-8, demi-rel. chag. brun, têtes dorées, *non rog., couv. cons.*   15 fr.

État de neuf.

178. **Du Fouilloux**. La Venerie et fauconnerie de Jacques du Fouilloux, Jean de Franchieres, et autres divers autheurs. Reveuës, corrigées et augmentées de chasses non encores par cy devant imprimées. Par J. D. S. Gentilhomme P. (Jean de Sanciquet, gentilhomme poitevin). *Paris, F. le Mangnier*, 1585 ; 2 tomes en un vol. in-4, fig., veau.   250 fr.

Édition recherchée et rare. Piqûres d'humidité.

179. **Duhamel Du Monceau**. Traité des arbres fruitiers, contenant leur figure, leur description, leur culture, etc. *Paris, Saillant et Desaint*, 1768 ; 2 vol. in-4, veau marb., fil., dos ornés, tr. dor. 50 fr.

Frontispice de *De Sève* gravé par *de Launay*, 180 planches gravées en taille-douce. Bel exemplaire de cet ouvrage estimé.

180. **Duhamel Du Monceau**. Traité des arbres fruitiers. Nouvelle édition augmentée d'un grand nombre d'espèces de fruits obtenus des progrès de la culture, par A. Poiteau et P. Turpin, orné de 417 figures gravées et coloriées au pinceau sur les vélins originaux peints d'après nature par les auteurs. *Paris, Levrault*, 1835 ; 6 vol. in-fol., demi-rel. mar. violet avec coins, *non rognés.*   750 fr.

181. **Dulaure**. Esquisses historiques des principaux événements de la Révolution française depuis la convocation des Etats-Généraux jusqu'au rétablissement de la maison de Bourbon. *Paris, Baudouin*, 1823-1825 ; 5 vol. de texte et 1 vol. pour la table. Ensemble 6 vol. in-8, veau rac., dos ornés, tr. jasp.   35 fr.

108 figures par *Couché fils*. Portraits et cartes.

182. **Dulaure** (J.-A.). Histoire physique civile et morale des environs de Paris depuis les premiers temps jusqu'à nos jours. Deuxième édi-

tion revue et annotée par J.-L. Belin, avocat. *Paris, Furne,* 1838; 6 vol. in-8, demi-rel. veau violet, dos ornés, tr. jasp. 25 fr.

Gravures sur acier de *Rouargue frères.* Cartes.

183. Du Molinet (Claude). Le Cabinet de la bibliothèque de Sainte Geneviève divisé en 2 parties contenant les antiquités de la religion des Chrétiens, des Egyptiens et des Romains. *Paris, Ant. Dezallier,* 1692; in-fol., vélin. 40 fr.

Très bel ouvrage enrichi de planches ; les curiosités de ce Cabinet se trouvent aujourd'hui à la Bibliothèque nationale. Bel exemplaire.

184. Dupuy. Traittez concernant l'histoire de France : sçavoir la condamnation des Templiers, avec quelques actes ; l'histoire du schisme, les papes tenant le siège en Avignon et quelques procès criminels. *Paris, Mathurin Du Puis,* 1654 ; in-4, veau. 8 fr.

Portrait.

185. Dürer (Albert). Ehrenpforte. Arc triomphal de l'empereur Maximilien Ier gravé sur bois d'après les dessins d'Albert Dürer. *Vienne, T. Mollo et Cie,* 1799 ; in-fol. max. de 43 pl., demi-rel. mar. violet, dos orné. 300 fr.

186. Du Tillot. Mémoires pour servir à l'histoire de la fête des foux qui se faisoit autrefois dans plusieurs églises. *Lausanne et Genève,* 1741 ; pet. in-8, br. 10 fr.

12 planches gravées *B. de Poilly.* Bel exemplaire.

187. Du Val (P.). Petites tables généalogiques touchant les droits et les intérêts des princes par P. Du Val, géographe du Roy. *A Paris, chez l'auteur, s. d.* — Orbis veteris partes, carumque nomina antiqua et nova. *A Paris,* 1654 ; 2 part. en un vol. in-12, veau. 15 fr.

Titre et 13 planches gravées pour la 1re partie. Titre et 16 cartes pour la seconde.

188. Ebers (Georges). L'Egypte. Alexandrie et le Caire. *Paris, Didot,* 1880 ; pet. in-fol., cart. de l'éditeur avec fers spéciaux. 25 fr.

Nombreuses gravures dans le texte et hors texte, aussi intéressantes que variées.

189. Eccard (J.-Georg.). Leges Francorum salicæ et Ripuariorum cum additionibus regum et imperatorum variis, ex iusstis codicibus emendatae, auctae, et notis perpetuis illustratæ. *Francof. et Lipsiæ,* 1720 ; pet. in-fol., veau, dos orné. 10 fr.

Ouvrage estimé.

190. Eisenberg (baron d'). Description du manège moderne dans sa perfection expliqué par des leçons nécessaires et représenté par des figures exactes depuis l'assiette de l'homme à cheval jusqu'à l'arrest accompagné aussi de divers mords pour bien brider les chevaux, écrit et dessiné par le baron d'Eisenberg. *S. l. n. d. ;* in-4 obl. demi-rel. veau. 30 fr.

Texte en allemand, 57 planches gravées en taille-douce.

191. Erasme. Desiderii Erasmi Roterodami De Virtute Amplectenda Oratio. De Præparatione ad mortem. De Morte Declamatio. De Puero Iesu Concio pronunciata in Schola Coletica. Londini olim instituta. — Enchiridion Militis Christiani. *Lugdini Batavorum I. Maire,* 1641 ; pet. in-12, mar. rouge, tr. dor. 100 fr.

Aux armes de F^EYDEAU DE BROU.

192. Erasme. Les Colloques, nouvellement traduits par Victor Develay et ornés de vignettes gravées à l'eau-forte par J. Chauvet. *Paris, Jouaust,* 1875 ; 3 vol. in-8, demi-rel. chag. brun, tête dorée, *non rognés.* 40 fr.

Portrait d'Érasme d'après *Holbein.* Bel exemplaire.

193. Ésope en belle humeur ou dernière traduction et augmentation de ses fables en prose et en vers (par l'abbé J. Chr. Bruslé de Montpleinchamp). *Brusselle, François Foppens,* 1693 ; in-12, mar. rouge, fil., dent. int., dos orné, tr. dor. (*Allo*). 70 fr.

Frontispice et nombreuses figures gravées en taille-douce. Armoiries sur les plats. Furetière et La Fontaine collaborèrent, dit-on, à cet ouvrage.

194. Faust. Album de 26 lithographies de Muret représentant la damnation du docteur Faust. *Paris, Auvray, s. d.;* in-8 obl., demi-rel. chag. vert. 10 fr.

Et de Livres anciens et modernes

195. Félibien. Entretiens sur les vies et sur les ouvrages des plus excellens Peintres anciens et modernes, avec la vie des Architectes. Nouvelle édition, revue, corrigée et augmentée. *A Trevoux,* 1725 ; 6 vol. pet. in-8, fig., demi-rel. bas., dos orné, *non rognés.* 20 fr.

On a relié à la suite du 6ᵉ volume : *Traité de la Miniature par Mˡˡᵉ Perrot.*

196. Felon (Joseph). Église Sainte-Perpétue à Nîmes. Travaux d'art : sculpture, statuaire, cartons et dessins de verrières exécutés pour ce monument par Joseph Felon, statuaire et peintre d'histoire. *Paris,* 1861. 20 fr.

30 planches en lithographie.

197. Fénelon. Les Aventures de Télémaque. *Paris, impr. de Didot jeune,* 1790 ; 2 vol. in-8, br. 50 fr.

PAPIER VÉLIN. Portrait de Fénelon sur le titre gravé par *Gaucher* d'après *Vivien.* On y joint les 24 figures de *Moreau le jeune,* gravées par de *Ghendt* et *Simonet* de 1810 à 1812.

198. Fénelon. Les Aventures de Télémaque, fils d'Ulysse. *Paris, Didot l'aîné,* 1796 ; 4 vol. in-12, br. 25 fr.

Portrait par *Gaucher* d'après *Vivien,* et 24 charmantes figures de *Queverdo* gravées par *Dambrun, Delignon, de Launay, Gaucher* et *Villerey.*

199. Fénelon. Suite de 96 figures pour illustrer les Aventures de Télémaque, gravées d'après les desseins (sic) de Cˡᵉˢ *Monnet,* peintre du roi par *Jean-Baptiste Tilliard. Paris, Didot l'aîné,* 1783. 50 fr.

72 planches pour les figures et 24 pour les sommaires.

200. Ficoronu (H.). Dissertatio de Larvis scenicis et figuris comicis antiquorum romanorum ex Italica in Latinam linguam versa. *Romæ,* 1754 ; in-4, cart., *non rogné.* 15 fr.

85 planches.

201. Figures des histoires de la Sainte Bible avec des discours qui contiennent exactement ce qui est écrit de plus remarquable dans l'ancien et le nouveau testament. Ouvrage très utile et propre pour toutes sortes de personnes. Nouvelle édition revue et corrigée. *Paris, Robert Pepie,* 1687 ; in-fol., veau. 30 fr.

273 gravures sur bois. Exemplaire fatigué.

202. Folengus (Th.). Opus Merlini Cocaii pœtæ mantuani macaronicorum, totum in pristinam formam per me magistrum Acquarium Lodolam optime redactum, in his infra notatis titulis divisum. *Amstelodami, apud Abrahamum à Someren,* 1692 ; in-12, mar. vert, dent. sur les plats, dos orné, tr. dor. (*Rel. anc.*). 75 fr.

Édition faite sur celle de 1521 dont elle reproduit le titre, et au verso de ce titre, l'*Hexasticon Joannis Baricocolæ.* Les pièces préliminaires y sont précédées de la vie de Théophile Folengi en latin. Bel exemplaire orné d'un portrait de l'auteur et de 26 vignettes gravées en taille-douce. Exemplaire de RENOUARD en grand papier.

203. Fontane (Marius). Histoire universelle, avec cartes, plans, tables, index alphabétiques annotés, etc. *Paris, Lemerre,* 1881-1889 ; 6 vol. in-8, br. 25 fr.

Les six premiers volumes de cet important ouvrage. Tome I. L'Inde Védique, avec deux cartes. — T. II. Les Iraniens. Zoroastre, avec trois cartes. — T. III. Les Egyptes, avec deux cartes. — T. IV. Les Asiatiques : Assyriens, Hébreux, Phéniciens, avec deux cartes. — Tome V. La Grèce. — Tome VI. Athènes, avec deux cartes.

204. Fontenelle. Entretiens sur la pluralité des mondes précédés de l'astronomie des dames par J. de Lalande. *Paris, Janot et Cotelle,* 1820 ; in-8, fig., demi-rel. veau, dos orné (*Thouvenin*). 8 fr.

205. Forster (Charles). La vieille Pologne. Album historique et poétique composé de chants et légendes imités du polonais ou composés par les plus célèbres poètes français ; orné de 36 dessins et contenant une introduction et des notices formant un tableau complet de l'Histoire de Pologne par Charles Forster. Deuxième édition. *Paris,* 1836 ; in-4, demi-rel. veau. 30 fr.

Dessins en lithographies hors texte sur Chine monté de *Charlet, Norblin, J. David, Deveria, Sorrieu, Lajosse,* etc.

206. Frognall-Dibdin (Th.). Voyage bibliographique, archéologique et pittoresque en France, par le rév. Th. Frognall-Dibdin.

Achat de Bibliothèques

Traduit de l'anglais par Théod. Licquet. *Paris, Crapelet,* 1825 ; 4 vol. in-8, br. 25 fr.

207. Froissart. Les chroniques de Froissart , édition abrégée avec texte rapproché du français moderne par Mme de Witt, née Guizot. *Paris, Hachette,* 1881 ; in-4, demi-rel. veau brun. 25 fr.

Ouvrage illustré de 11 chromolithographies, 12 lettres et titres imprimés en couleur, 2 cartes, 33 grandes compositions tirées en noir et 252 gravures d'après les monumeuts et les manuscrits de l'époque.

208. Furstenberg (Ferd. de). Monumenta paderbornensia, ex historia romana, francisca, saxonica cruta, novis inscriptionibus, figuris tabulis geographicis, ac notis posthumis, Ferdinandi principis, episcopi paderbornensis. Editio quarta. *Lemgoviæ, typis Meyeri,* 1714 ; in-4, veau, dos orné. 10 fr.

Frontispice par *Visscher,* 28 planches dessinées par *Rudolphi* et gravées par *R. de Hooghe* et trois cartes. Vues, monuments de l'évêché de Paderborn, état de l'empire d'Allemagne.

209. Galerie (La) des États généraux. — La Galerie des Dames françoises, pour servir de suite à la galerie des Etats généraux (par le marquis J.-P.-L. de Luchet, le comte de Mirabeau, P.-A-F. Choderlos de Laclos et le comte de Rivarol). *S. l.,* 1789-1790 ; 3 parties en un vol. in-8, demi-rel. veau, dos orné. 20 fr.

« Cet ouvrage, dit Barbier, a été distingué de la foule des brochures qui ont paru en 1789 et en 1790; les portraits qu'il contient sont en général tracés avec autant de talent que d'impartialité. »

210. Galerie de Rubens, dite du Luxembourg, ouvrage composé de vingt-cinq estampes avec l'explication historique et allégorique de chaque sujet. *Paris, Deterville. S. d.;* in-fol., demi-rel. dos et coins de mar. vert, fil., tête dorée. 60 fr.

Bel exemplaire.

211. Galerie (die) zu Cassel in ihren Meisterwerken. Nach den originalgemälden radirt von William Unger ; mit erlaüterndem text. *Leipzig, Seemann,* 1870 ; 3 séries en cartons in-4. 40 fr.

40 reproductions de tableaux de *Rembrandt, Ruisdael, van Ostade, Poussin Hals, Rubens, Teniers, van Dick,* etc.,

gravées à l'eau-forte par *William Unger.* Figures sur Chine monté avant la lettre.

212. Galibert (Léon). Histoire de la république de Venise. *Paris, Furne et Cie,* 1847 ; in-8, demi-rel. chagr. bleu, plats toile, fers spéciaux, cart. de l'éditeur, tr. dor. 15fr.

24 planches hors texte de *Rouargue,* gravées sur acier par *Outhwaite, Lalaisse,* etc.

213. Gatien-Arnoult. Monumens de la littérature romane publiés sous les auspices de l'Académie des jeux floraux, avec l'appui du conseil municipal de la ville de Toulouse et du conseil général du département de la Haute-Garonne. *Toulouse,* 1841-1843 ; 3 vol. in-8, br. 12 fr.

Ces volumes contiennent : Las Flors del gay saber estier dichas las leys d'amor (les Fleurs du gai savoir autrement dites lois d'amour) traduction de MM. d'Aguilar et d'Escouloubre revue et complétée par M. Gatien-Arnoult.

214. Gay (John). Fables by the late M^r. Gay. The seventh édition. *Londres, Tonson and Watts,* 1753 ; in-8, veau, fil., dos orné. 80 fr.

Figures de *Kent* et de *Wootton,* gravées en taille-douce par *Van de Gucht.* Bel exemplaire.

215. Gay (Jean). Bibliographie des ouvrages relatifs aux pélerinages, aux miracles, au spiritisme et à la prestidigitation imprimés en France et en Italie. *Turin, Jean Gay,* 1876 ; in-8, br. 3 fr. 50

216. Gay (Jean). Saisie de livres prohibés faite aux Couvents des Jacobins et des Cordeliers à Lyon, en 1694. Nouvelle édition augmentée d'un répertoire bibliographique par Jean Gay. *Turin,* 1876 ; in-8, br. 3 fr. 50

217. Genoude (de). La vie de Jésus-Christ et des apôtres tirée des saints évangiles, suivie de la morale chrétienne d'après les actes des apôtres et les épitres, par M. de Genoude. *Paris, Pourrat,* 1836 ; 2 tomes en un vol. in-8, demi-rel. chag. 10 fr.

Texte encadré. Lettres ornées. Deux figures d'après *Rubens* et *Van Dick* gravées sur acier par *Mauduit* et *François.* Encadrements par *Marckl.*

218. Georgius (Aug. Ant.). Alphabetum tibetanum missionum apostolicarum commodo editum. Præmissa est disquisilio qua de vario litterarum ae regionis nomine, gentis origine moribus, superstitione, ac Manichœismo disseritur. Beausobrii calumniæ in S. Augustinum... refutantur. *Romæ, Typis sacræ congregationis de propaganda fide*, 1762 ; in-4, demi-rel. veau. **15 fr.**

6 planches en taillc-douce. Figures sur bois.

219. Gessner. Mort d'Abel, poëme de Gessner, traduit par Hubert. Edition ornée d'estampes imprimées en couleur, d'après les dessins de M. Monsiau, peintre de l'Académie. *Paris, Defer de Maisonneuve*, 1793 ; in-4, demi-rel. chagr. rouge, dos orné. **75 fr.**

Frontispice par *Monsiau*, gravée par *Colibert* ; 5 figures du même, gravées par *Colibert, Casanove* et *Clément*.

220. Giustinian (Ber.). Historie cronologiche del l'origine degl' ordini militari e di tutte le religioni cavalleresche infino ad hora instituite nel Mondo, insegne, croci stendardi, habiti capitolari, etc. Opera dell' abbate Bernardo Giustinian. *In Venezia, presso Combi et La Nou*, 1692 ; 2 vol. pet. in-fol., vélin. **40 fr.**

Frontispice de *Lazari*, gravé par *Giuseppe Juster*.
Portrait et figures en taille-douce. Armoiries et emblèmes des différents ordres de chevallerie gravés sur bois.

221. Gnecchi (Fr. et Erc.). Saggio di Bibliografia numismatica delle zecche italiane medioevali e moderne. *Milano*, 1889 ; in-4, br. 8 fr.

222. Godescard. Vies des pères, des martyrs, et des autres principaux saints, tirées des actes originaux et des monumens les plus authentiques avec des notes historiques et critiques ; ouvrage traduit librement de l'anglais d'Alban-Butler par l'abbé Godescard. Nouvelle édition, revue, corrigée et augmentée du treizième et dernier volume, traduit de l'anglais du même auteur par M. Nagot. *Versailles*, 1811 ; 13 vol. in-8, veau rac., dos ornés. **40 fr.**

Ce livre très estimé n'est qu'une traduction de l'ouvrage de *Butler*, car les traducteurs y ont fait de nombreuses améliorations.

223. Goiffon et Vincent. Memoire artificielle des principes relatifs à la fidelle représentation des animaux tant en peinture qu'en sculpture. Ouvrage intéressant pour les personnes qui se destinent à monter à cheval. *Alfort*, 1779 ; 2 part. en 1 vol. in-fol., demi-veau. **25 fr.**

23 planches.

224. Gourcy. Quel fut l'État des personnes en France sous la première et la seconde race de nos Rois. *Paris*, 1789. — Précis historique et chronologique sur le Droit romain, traduit de l'anglais d'Alex. Schomberg par Boulard. *Paris*, 1793 ; ens. 2 ouvrages en un vol. in-8, demi-rel. veau. **5 fr.**

225. Gourdon de Genouillac (H.). Paris à travers les siècles, histoire nationale de Paris et des parisiens depuis la fondation de Lutèce jusqu'à nos jours. Ouvrage rédigé sur un plan nouveau et approuvé par Menri Martin, de l'Académie française. *Paris, Roy*, 1879-1882 ; 5 vol. in-4, br. **25 fr.**

Ouvrage illustré de nombreuses gravures sur bois, 60 figures hors texte. Carte.

226. Gozzi (Carlo). Opere edite ed medite del Co. C. Gozzi. *Venezia, Dalla stampena di Giacomo Zanardi*, 1801-1802 ; 14 tomes en 7 vol. in-8, demi-rel. veau vert, tr. jaspées. **40 fr.**

Bel exemplaire.

227. Gresset. Œuvres choisies. *Paris, Saugrain, de l'impr. de Didot jeune*, an II (1794) ; in-18, mar. rouge, dos orné, dent. sur les plats, tabis, tr. dor. (*Rel. anc.*). **100 fr.**

5 jolies figures de *Moreau le jeune* gravées par *Duhamel, Simonnet* et *Dupréel*. Exemplaire en PAPIER VÉLIN.

228. Grimm et Diderot. Correspondance littéraire, philosophique et critique depuis 1753 jusqu'en 1790. Nouvelle édition revue et mise dans un meilleur ordre, avec des notes et des éclaircissemens et ou se trouvent rétablies pour la première fois les phrases supprimées par la censure impériale. *Paris, Furne et Ladrange*, 1829 ; 16 vol. in-8, demi-rel. veau vert. **45 fr.**

Achat de Bibliothèques

229. Grohmann (J.-God.). Recueil d'idées nouvelles pour la décoration des jardins et des parcs dans le goût anglois, gothique, chinois, etc., offertes aux amateurs des jardins anglois et aux propriétaires jaloux d'orner leurs possessions. *Paris, Fuchs*, 1797 ; in-4, demi-rel. veau fauve.   60 fr.

> 145 planches en noir et en couleurs, gravées en taille-douce donnant divers modèles d'ornementation des jardins, ponts, grilles, vases, volières, ruines, etc.
> Texte explicatif en allemand et en français.

230. Gudin (Paul-Philippe). Contes précédés de recherches sur l'origine des contes ; pour servir à l'histoire de la poésie et des ouvrages d'imagination. *Paris, Dabin*, 1804.; 2 vol. in-8, veau, dos orné.   8 fr.

231. Guettée (l'abbé). Histoire de l'Eglise de France, composée sur documents les originaux et authentiques. *Paris, Renouard*, 1856 ; 12 vol. in-8, br.   15 fr.

232. Guigard (Joannis). Armorial du bibliophile, avec illustrations dans le texte. *Paris, Bachelin-Deflorenne*, 1870-1872 ; 2 tomes en 4 livraisons, gr. in-8, br. 50 fr.

> PREMIÈRE ÉDITION. — Exemplaire tiré sur PAPIER DE HOLLANDE. Nombreuses planches de reproductions de reliures historiques ajoutées.

233. Guilbert (Mlle A.). Prières, fac-simile du 9 au 15e siècle. *Paris, chez Guilbert*, 1843; in-8, cart. 10 fr.

> Fac-simile d'ornementations de manuscrits, psautiers, livres d'heures, évangéliaires, etc.

234. Haller (de). Poésies de M. Haller, traduites de l'allemand. Edition retouchée et augmentée. *Berne, chez la Société typographique*, 1775 ; in-8, veau marbré, fil., dos orné, tr. jasp.   10 fr.

> Frontispice dessiné et gravé à l'eau-forte par *Dunker*, terminé par *Lacroix*, un fleuron sur le titre par *Dunker*, un fleuron au-dessus de la dédicace, 6 vignettes et 7 culs-de-lampe du même. Bel exemplaire.

235. Harangues burlesques sur la vie et sur la mort de divers animaux, dédiées à la Samaritaine du Pont-Neuf, par M. Raisonnable. *Paris, Antoine de Sommaville*,

1651 ; pet. in-8. réglé, mar. bleu jans., tr. dor. (*Hardy*).   35 fr.

> L'auteur de cet ouvrage a emprunté le titre des *Sermoni funebri* de Lando et des *Harangues facétieuses* imprimées en 1618, dont il a imité quelques discours : mais son texte est d'ailleurs fort différent de celui de Lando et donne cinq harangues de plus.

236. Havard (Henry). L'Art à travers les mœurs. Illustrations par C. Goutzwiller. *Paris, G. Decaux; A. Quantin*, 1882 ; in-4, demi-rel. dos et coins de mar. rouge, dos orné, tête dor., *non rogné*, couv. cons. (*Canape*).   100 fr.

> Ouvrage illustré de nombreux dessins dans le texte et de 25 grandes planches hors texte gravées sur bois ou en héliogravure.
> Un des 100 exemplaires numérotés sur PAPIER DE HOLLANDE avec les héliogravures en 2 états : avant la lettre sur Chine monté, et avec la lettre sur PAPIER WHATMAN.

237. Héloïse et Abailard. Lettres d'Héloïse et d'Abailard. Edition ornée de huit figures gravées par les meilleurs artistes de Paris, d'après les dessins et sous la direction de Moreau le jeune. *Paris, J.-B. Fournier (de l'impr. de Didot le jeune), l'an IV (1796)* ; 3 vol. in-4, cart., *non rognés*.   100 fr.

> Belle édition avec le texte latin et la traduction de Gervaise, précédée de la vie d'Abailard par de l'Aulnaye.
> Très bel exemplaire à toutes marges orné de 8 figures AVANT LA LETTRE, gravées d'après *Moreau* par *Dambrun, Delvaux, Halbou, Langlois, Lemire, Pauquet, Romanet* et *Simonnet*.

238. Hennique (Léon). Benjamin Rozes, nouvelle naturaliste. *Bruxelles, Kistemaeckers*; in-8, br. 3 f. 50

> Illustrations de *Am. Lynen*.

239. Héricault (Charles d'). La Révolution, 1789-1882. Appendices par Emm. de Saint-Albin, Victor Pierre et Arthur Loth. *Paris, Dumoulin*, 1883 ; in-4, demi-rel. dos et coins mar. rouge, dos orné, tête dor. (*Engel, Smeers*).   25 fr.

> Bel et intéressant ouvrage imprimé sur papier vélin des papeteries du Marais, orné de 12 chromolithographies et d'un très grand nombre de gravures et fac-similés dans le texte et hors texte, d'après les monuments et les originaux du temps.

240. Hermann (J.). Le Drame lyrique en France, depuis Gluck jusqu'à nos jours. *Paris, Dentu*,

1878 ; in-8, demi-mar. gren., tr. jasp.   10 fr.

241. Hesiodi opera omnia latinis versibus expressa atque illustrata a Bernardo Zamagna ragusino. — Hesiodi ascraei opera omnia. *Ex regio Parmensi typographio (Bodoni),* 1785 ; 2 part. en 1 vol. in-4, demi-rel. veau brun, dos orné, tr. jasp.   10 fr.

La première partie contient la traduction en vers latins des Œuvres d'Hésiode, la seconde renferme le texte grec. Bel exemplaire.

242. Heures. Ces presentes Heures à lusaige de Romme sont au long sans requerir. *Et ont este faictes pour Symon Vostre libraire : demourant a Paris a la rue neuve Nostre dame a lenseigne sainct Jehan levangéliste, par Philippe Pigouchet, s. d.* (calendrier de 1502 à 1520) ; in-4, velours rouge, tr. dor.   6.000 fr.

Magnifique exemplaire des plus belles Heures imprimées par Pigouchet pour Simon Vostre. Ces heures comprennent 98 feuillets de vélin ornés de 24 belles figures, sans comprendre le titre et l'homme anatomique, et sont encadrées à toutes les pages de bordures historiées représentant l'histoire de Joseph, la vie de la Vierge, la vie de Jésus, l'histoire de Suzanne, l'Enfant prodigue, la Danse des Morts en 66 sujets, avec quatrains en français, les Vertus cardinales, les Sybilles, etc. Les deux derniers ff. sont occupés par l'Horloge de la Passion en vers français.

Cet exemplaire très grand de marges mesure 250 mm. de hauteur. Toutes les capitales et rubriques ont été finement peintes en or et en couleur.

Exemplaire de VILLENEUVE.

243. Heuzey (Léon). Rapport à Sa Majesté l'empereur Napoléon III, concernant la Mission archéologique en Macédoine, 1862 ; pet. in-fol., demi-toile.   10 fr.

2 cartes et 14 planches dessinées par *Daumet,* gravées par *Lemaitre.*

244. Hillemacher. 25 eaux-fortes par Hillemacher, d'après des tableaux de Robert Fleury, van Ostade, Boucher, Prud'hon, Darley, etc.; in-4 en feuilles.   15 fr.

245. Histoire abrégée chronologique de tous les souverains de la terre, rois, reines, empereurs, impératrices, papes, sultans, califes, électeurs, princes, deys, etc., qui ont péri de mort violente ; les causes et les circonstances de leur mort, depuis l'antiquité la plus reculée jusqu'à nos jours, suivie d'une table alphabétique. *Paris, Mongie et Delaunay,* 1815 ; 2 vol. in-12, br. 6 fr.

246. Histoire de Dauphiné et des princes qui ont porté le nom de Dauphins, particulièrement de ceux de la troisième race, descendus des barons de la Tour-du-Pin, sous le dernier desquels a été fait le transport de leurs états à la couronne de France. (Par J.-P. Moret de Bourchenu, marquis de Valbonnais) *Genève, Fabri et Barillot,* 1722 ; 2 vol. in-fol., veau granit, dos orné (*Rel. anc.*).   75 fr.

Ouvrage rare.

247. Histoire des deux triumvirats, depuis la mort de Catilina jusqu'à celle de César ; depuis celle de César jusqu'à celle de Brutus, depuis celle de Brutus jusqu'à celle d'Antoine. (Par Citri de la Guette). Nouvelle édition, augmentée de l'histoire d'Auguste par Lancy. *A Trevoux, par la Compagnie,* 1741 ; 2 vol. in-12, mar. citron, fil., tr. dor. (*Rel. anc.*).   70 fr.

Aux armes de MADAME SOPHIE, fille de Louis XV.

248. Histoire des inaugurations des rois, empereurs et autres souverains de l'univers, depuis leur origine jusqu'à présent, suivie d'un précis de l'état des arts et des sciences sous chaque règne : des principaux faits, mœurs, coutumes et usages les plus remarquables des François, depuis Pépin jusqu'à Louis XVI, par M*** (dom Charles-Joseph Bévy). *Paris, Moutard,* 1776 ; in-8, veau, dos orné. 20 fr.

14 planches gravées en taille-douce donnant les différents costumes.

249. Histoire du ministère d'Armand-Jean du Plessis, cardinal duc de Richelieu, sous le règne de Louis le Juste XIII du nom, roy de France et de Navarre. Avec des réflexions politiques et diverses lettres, contenant les négociations des affaires de Piedmont et de Montferrat. *Paris, Alliot,* 1650 ; in-fol., veau, dos orné.   30 fr.

Frontispice. Cet ouvrage de *Charles Vialart* fut condamné au feu par ordre du Parlement le 11 mai 1650.

Achat de Bibliothèques

250. **Histoire** des papes, crimes, meurtres, empoisonnements, parricides, adultères, incestes, depuis saint Pierre jusqu'à Grégoire XVI. Histoire des saints, des martyrs, des pères de l'église, des ordres religieux, des conciles, des cardinaux, de l'inquisition, des schismes, et des grands réformateurs. Crimes des rois, des reines et des empereurs. *Paris*, 1842 ; 10 vol. in-8, demi-rel. chag. rouge, dos ornés, tr. jasp. 35 fr.

Figures de *Bourdet*, gravées sur acier par *Lafond, Bertrand, Bailly,* etc.

251. **Histoire** du Père La Chaize, jésuite et confesseur du Roi Louis XIV ou l'on verra les intrigues secrettes qu'il a eues à la Cour de France et dans toutes les cours d'Europe et les particularités les plus secrettes de sa vie, ses amours avec plusieurs dames de la première qualité et les agréables aventures qui lui sont arrivées dans le cours de ses Galanteries. *Bruxelles, Kistemaeckers,* 1884 ; 2 vol. in-8, br. 15 fr.

252. **Histoire** (l') de Valentin et Orson très-hardis, très-nobles et très-vaillans chevaliers, fils de l'Empereur de Grèce, et neveux du très-vaillant et très-chrétien roi de France Pépin. *Rouen, Behourt,* s. d. ; pet. in-4, demi-rel. veau. 10 fr.

Fleuron gravé sur bois.

253. **Histoire** du vieux et du nouveau testament (par David Martin), enrichie de plus de 400 figures en taille-douce. *Anvers (Amsterdam),* P. *Mortier,* 1700 ; 2 tomes en un vol. gr. in-fol., mar. rouge, dos orné, fil. à comp. et orn. sur les plats, tr. dor. (*Rel. anc.*). 300 fr.

Frontispice et nombreuses figures.
Bel exemplaire de premier tirage AVANT LES CLOUS.

254. **Holbein** (Jean). Œuvre de Jean Holbein ou recueil de gravures, d'après les plus beaux ouvrages de ce fameux peintre. Publié par Chrétien de Méchel, graveur et membre de diverses académies, 1780. *Basle, chez Guillaume Haas ;* in-fol., demi-rel. chagrin. 60 fr.

Ce beau recueil contient 4 parties : 1° Le Triomphe de la Mort. 49 gravures par *Ch. de Méchel,* d'après les dessins de J.

Holbein et 2 culs-de-lampe. — 2° La Passion de Jésus-Christ, titre et 12 planches gravés par *Ch. de Méchel.* — 3° Costumes d'hommes et de femmes suisses du XVI° siècle, titre-frontispice, 13 costumes suisses et 2 planches doubles en bistre. — 4° 10 portraits gravés par *B. Hübner,* d'après des peintures à l'huile d'Holbein : Holbein, sa femme et sa fille, Meier, sa femme, Erasme, Amerbach, etc.

255. **Hoogstraten** (Samuel van). Inleyding tot de Hooge Schoole der Schilderkonst : Anders de Zichtbaere Werelt. *Rotterdam, Hoogstraeten,* 1678 ; in-4, vélin blanc. 25 fr.

Frontispice, portrait et environ 15 figures. Mouillures.

256. **Horæ** beate Marie virginis secundum usum Romanum totaliter ad longum sine require impresse Parisius per Germanum Hardouyn. (A la fin :) *Ces presentes heures à l'usaige de Romme ont este nouvellement imprime à Paris par Germain Hardouyn,* s. d. (Almanach de 1531 à 1546) ; pet. in-8, réglé, de 112 ff. non chiffr., mar. brun, dos orné, dent. à froid, tr. dor. (*Petit-Simier*). 300 fr.

Rare et charmante édition, illustrée de 14 figures gravées sur bois.
Bel exemplaire imprimé sur peau de vélin avec les figures finement miniaturées en or et en couleur et encadrées par des bordures d'or. Initiales peintes de nuances diverses.

257. **Hugo** (Herm.). Pia desideria emblematis elegiis et affectibus S. S. Patrum illustrata authore Hermanno Hugone, societatis Jesu. Vulgavit Boetius a Bolswert. *Antverpiæ, typis Henrici Aertsenii,* 1624 ; in-12, veau, dos orné. 25 fr.

Édition originale.
Titre, frontispice et 45 jolies figures gravés en taille-douce.

258. **Imbert, Desfontaines** et **Pezay.** Historiettes ou nouvelles en vers par M. Imbert. *Amsterdam (Paris),* 1774. — Les Bains de Diane ou le triomphe de l'Amour (par Desfontaines). *Paris, Costard,* 1770. — Lettre d'Alcibiade à Glicère, suivie d'une lettre de Vénus à Pâris et d'une épitre à la maitresse que j'aurai (par le M¹ˢ de Pezay). *Genève et Paris,* 1764. Ens. 3 vol. in-8, bas. 60 fr.

Le premier ouvrage est orné de 1 frontispice, d'un titre gravé et de charmantes vignettes en-têtes par *Moreau le jeune.* Le deuxième, d'un beau titre et de 4 jolies

Et de Livres anciens et modernes

vignettes en tête par *Marillier*, gravés par *de Ghendt*, *Ponce*, *Voyez* et *Massard*. Le troisième d'une figure, de 3 en-têtes et de 2 culs-de-lampe par *Eisen* gravés par *Aliamet*, *de Longueil* et *Lemire*. — Belles épreuves.

259. Imbert. Historiettes ou nouvelles en vers. Seconde édition, revue, corrigée et augmentée par l'auteur. *Amsterdam et Paris, Delalain*, 1774 ; in-8, mar. rouge jans., tête dor. 60 fr.

Titre gravé, une figure et 4 vignettes entêtes par *Moreau le jeune*, gravés par *Née* et *Masquelier*.

260. Imbert. Le Jugement de Pâris, poème en IV chants, suivi d'œuvres mêlées. Nouvelle édition, corrigée et augmentée. *Amsterdam*, 1774 ; in-8, veau, dos orné, fil., tr. rouge 30 fr.

Titre et 4 figures par *Moreau*, gravés par *Née*, *Duclos*, *Masquelier* et *Delaunay* et 4 vignettes en-têtes par *Choffard*.

261. Italie (L'), la Sicile, les îles éoliennes, l'île d'Elbe, la Sardaigne, Malte, l'île de Calypso (par Saint-Germain Leduc, Farjasse, de la Chavanne, Hostein). *Paris, Audot*, 1834-1837; 5 vol. gr. in-8, demi-rel. veau fauve. (*Kœhler*). 25 fr.

Carte et nombreuses planches gravées sur acier.

262. Jacquemart (Jules). Vingt eaux-fortes. *Paris,* 1881 ; album in-fol., cart. toile. 12 fr.

Bijoux, bustes, objets d'art, etc.

263. Jacquin (N.-J.). Miscellanea austriaca ad botanicam, chemiam et historiam naturalem spectantia. *Vindobonæ, ex off. Krausiana*, 1778 ; 2 vol. in-4, fig., veau fauve. 25 fr.

44 planches coloriées. Rare.

264. Jardin (le) de l'honneste amour ou est enseigné la manière de bien entretenir une maîtresse. — La malice des femmes. — La méchanceté des filles. *Troyes, Oudot*, 1732 ; 3 parties en un vol. in-12, veau, tr. dor. 8 fr.

Rare.

265. Johannot (Charles). Histoire de Geneviève de Brabant représentée en douze dessins au trait avec un frontispice gravés par Charles Johannot. *Paris,* 1813 ; pet. in-folio, demi-rel. bas. 10 fr.

266. Joinville. Histoire de Saint Louis par Jehan, sire de Joinville. Les Annales de son règne, par Guillaume de Nangis. Sa vie et ses miracles, par le confesseur de la reine Marguerite. *Paris, imprimerie royale*, 1761 ; in-fol., veau, dos orné. 40 fr.

Fleuron par *Gravelot* gravé par *Lemire*, 3 vignettes par *Eisin* (sic) et *Gravelot*, 3 culs-de-lampe par *Gravelot* gravés par *Lemire* et *Sornique*.

267. Jombert (Ch.-Ant.). Catalogue de l'Œuvre de Ch.-Nic. Cochin fils. *Paris, Prault*, 1770 ; in-8, demi-rel. chagr. vert, *non rogné*. 30 fr.

Vignette sur le titre et en-tête avec portrait de Cochin dessinés et gravés par *B.-L. Prévost*.

268. Jombert (Ch.-Ant.). Essai d'un Catalogue de l'œuvre d'Etienne de la Belle, peintre et graveur florentin ; disposé par ordre historique suivant l'année où chaque pièce a été gravée. Avec la vie de cet artiste. *Paris, l'Auteur*, 1772 ; in-8, veau, dos orné (*Rel. anc.*). 18 fr.

2 jolies vignettes en-tête dessinées par *C.-N. Cochin*, gravées par *B.-L. Prévost*.

269. Joseph (le roi). Album des mémoires du roi Joseph. *Paris, Corréard*, s. d. ; album in-fol., br. 20 fr.

30 planches, vues de batailles dessinées par M. *Yung*, gravées sur acier par MM. *Rouargue* et *Lalaisse*.

270. Jubé (Aug.). Le Temple de la gloire ou les fastes militaires de la France depuis le règne de Louis XIV jusqu'à nos jours, par le général Auguste Jubé, baron de la Pérelle. *Paris, Rapet*, 1819 ; 2 vol. in-fol., veau. 50 fr.

Portrait dessiné par *M*^{me} *Mongez*, gravé par *Benoist*. — I. Frontispice de *Lafitte*, gravé par *Blanchard*, terminé par *Bovinet*. — II. Frontispice par *Massard*. 37 planches, tableaux de batailles, dessinés par *Martinet* et gravés par *Massard*, *Lejeune*, *Adam*, *Larcher*, etc.

271. Julyot (Ferry). Les Élégies de la belle Fille lamentant sa virginité perdue. Réimpression complète publiée d'après l'édition originale de 1557. *Paris, Léon Willem*, 1873 ; pet. in-8, br. 10 fr.

L'un des 25 exemplaires tirés SUR PAPIER DE CHINE.

272. Jurisprudentia heroica sive de Jure belgarum circa nobilitatem et insignia demonstrato in commentario ad edictum seren. Belgii principum Alberti et Isabellæ. (Auctore P. Christinæo). *Bruxellis, Balt. Vivien,* 1668; in-fol., veau. 20 fr.

PREMIÈRE ÉDITION de la première partie de cet ouvrage fort rare et fort recherché, illustré d'un très grand nombre d'armoiries et de 16 tableaux généalogiques (les 2 derniers manquent) finement gravés sur cuivre.

273. **Laborde** (C¹ᵉ A. de). Voyage pittoresque et historique de l'Espagne. *A Paris, de l'imprimerie de Pierre Didot l'ainé,* 1806-1820 ; 2 tomes en 4 vol. in-fol., planches gravées, demi-rel. mar. rouge, fil., *non rogné.* 200 fr.

Ce magnifique ouvrage contient plus de 250 planches.

274. **La Bruyère**. Les Caractères de La Bruyère suivis des caractères de Theophraste, traduits du grec par le même. *Paris, Lefèvre,* 1824 ; 2 vol. in-8, demi-rel. veau rouge, dos ornés, *éb.* 15 fr.

2 portraits par *Taurel* et par *Leroux.* On a ajouté un portrait sur CHINE MONTÉ, gravé en taille-douce par *Savart* d'après *De S¹ Jean.*

275. **Labyrinte** de Versailles. *Paris, impr. royale,* 1679 ; in-8, veau granit. (*Rel. anc.*). 70 fr.

41 planches de *Sébastien Le Clerc,* gravées sur cuivre accompagnées de fables en vers par *Benserade* et d'une explication des figures du Labyrinte, tirées des fables d'Esope (par *Charles Perrault*).

276. **La Calprenède**. Abrégé de la Cléopâtre de M. de la Calprenéde. *Paris, Thomas Jolly,* 1667-1668 ; 4 parties en 2 vol. in-18, mar. vert, fil., dos ornés, tr. dor. (*Rel. anc.*). 200 fr.

Intéressant ouvrage orné de figures. Aux armes de la COMTESSE DE VERRUE.

277. **Lachau** (l'abbé de) et **Le Blond**. Description des principales pierres gravées du cabinet de S. A. S. Mᵍʳ le duc d'Orléans, premier prince du sang. *Paris,* 1780-1784 ; 2 vol. in-fol., cart., *non rognés.* 100 fr.

Superbe frontispice par *Cochin,* gravé par *Saint-Aubin,* renfermant le portrait du duc d'Orléans : 1 fleuron, le même pour les 2 titres par *Saint-Aubin* : 2 très jolies vignettes en tête du 1ᵉʳ volume et du 2ᵉ dessinées et gravées par *Saint-Aubin* : 178 pierres gravées par S¹ Aubin, quoique non signées, et 54 culs-de-lampe. la plupart d'une grande beauté. (46 dans le 1ᵉʳ et 10 dans le 2ᵉ), tous dessinés et gravés par *Saint-Aubin,* à l'exception du dernier du 1ᵉʳ volume gravé par Mᵐᵉ *E. de Sabran.*

278. **La Chausse** (Michel-Ange de). Le grand cabinet romain ou recueil d'antiquitez romaines qui consistent en bas reliefs, statues de dieux et des hommes, instruments sacerdotaux, lampes, urnes, seaux, brasselets, clefs, anneaux et phioles lacrimales, que l'on trouve à Rome. Avec les explications de Michel Ange de La Chausse. *Amsterdam, L'Honoré et Chastelain,* 1706 ; in-fol., veau granit., dos orné. 25 fr.

Frontispice par *Luijken.* Fleuron par *Goerée,* en-tête et dédicace et 42 planches gravées en taille-douce.

279. **Lacroix** (Paul). Moyen-Age et Renaissance. Sciences et Lettres, 1 vol. — Vie militaire et religieuse, 1 vol. — Mœurs, usages et costumes, 1 vol. — Les Arts, 1 vol. — Ensemble 4 vol. in-4, demi-rel. chag. rouge, plats toile, fers spéciaux, cart. de l'éditeur, tr. dor. 80 fr.

Ouvrages ornés de 61 chromolithographies et de plus de 1200 gravures sur bois.

280. **La Fayette** (Mᵐᵉ de). Zayde, histoire espagnole, par Monsieur de Segrais (Mᵐᵉ de Lafayette). Avec un traitté de l'origine des romans, par Monsieur Huet. *Paris, chez Claude Barbin,* 1670-1671 ; 2 vol. in-8, mar. Lavallière, dos orné, fil., tr. dor. (*Hardy-Mennil*). 225 fr.

ÉDITION ORIGINALE. Superbe exemplaire grand de marges : le deuxième volume est rempli de témoins, il n'a pas été imprimé sur la même justification que le tome Iᵉʳ. Celui-ci mesure 168 mm., et le second 161 mm.

281. **La Fontaine**. Les Amours de Psiché et de Cupidon. *Paris, Barbin,* 1669 ; in-8, mar. rouge, fil., dos orné, dent. int., tr. dor. (*Anc. rel.*). 450 fr.

ÉDITION ORIGINALE.

282. **La Fontaine**. Les Amours de Psyché et de Cupidon avec le poème d'Adonis par La Fontaine, édition ornée de fig. dessinées par Moreau le jeune et gravées sous sa direction. *Paris, Impr. Didot jeune, an III* (1795) ; in-4, mar. rouge, dos orné, fil., tr. dor. (*Masson-Debonnelle*). 450 fr.

1 portrait d'après *Rigault* gravé par *Audouin* et 8 figures par *Moreau,* gravées

par *Dambrun, Duhamel, Dupréel, de Ghendt, Halbou, Petit et Simonnet*.

Bel exemplaire contenant les figures de *Moreau*, AVANT LA LETTRE et auquel on a ajouté la suite des 5 figures de *Gérard*, épreuves AVANT LA LETTRE. Plus 1 portrait de La Fontaine tiré sur CHINE et le portrait en médaillon de P. Didot l'aîné, par *Wodowood*.

283. La Fontaine. Les Amours de PSYCHÉ ET DE CUPIDON suivies d'Adonis poème. Nouvelle édition ornée de 26 figures de Borel gravées en couleurs par Vigna Vigneron. *Paris, Théophile Belin,* 1899; 2 vol. gr. in-8, cart., non rog. 600 fr.

Tiré à 250 exemplaires.

Les figures sont en trois états : eaux-fortes pures, planches noires terminées et planches imprimées en couleurs SANS AUCUNE RETOUCHE.

284. La Fontaine. Contes et nouvelles en vers, par M. de La Fontaine. *Amsterdam (Paris),* 1764; 2 tomes en un vol. in-8, portr. et fig., mar. bleu, dos orné, fil., tr. dor. (*Reyman*). 140 fr.

Réimpression de l'édition dite des *Fermiers généraux*.

285. La Fontaine. Contes et nouvelles en vers par J. de La Fontaine. *A Londres (Cazin),* 1780; 2 vol. in-12, fig., veau, dos orné, fil., tr. dor. (*Rel. anc.*). 120 fr.

Portrait de *La Fontaine* et 24 jolies figures de *Desrais*. Bel exemplaire.

286. La Fontaine. Fables choisies, mises en vers par J. de La Fontaine. *Paris, Desaint et Saillant,* 1755-1759; 4 vol. in-fol., veau, dos ornés, fil. 350 fr.

Portrait d'Oudry, d'après *Largillière*, gravé par *Tardieu* et 275 figures par *Oudry*, gravées par *Aubert, Aveline, Baquoy, Chedel, Cochin, Fessard, Lebas*, etc.

287. La Fontaine. Fables avec un nouveau commentaire littéraire et grammatical par Charles Nodier. *Paris, Eymery,* 1818; 2 vol. in-8, demi-rel. dos et coins bas. 8 fr.

Figures de *Bergeret*, gravées par *Niquet, Pigeot, Pauquet*, etc. Reliure fatiguée.

288. La Fontenelle de Vaudoré (A.-D. de). Histoire d'Olivier de Clisson, connétable de France. *Paris, Firmin Didot,* 1825-26; 2 vol. in-8, demi-rel. veau vert, tr. jasp. 8 fr.

Bel exemplaire.

289. La Force (Mlle de). Histoire de Marguerite de Valois, reine de Navarre. *Paris, Didot l'aîné,* 1783; 6 vol. in-12, mar. rouge, doublé de tabis, orn. sur le dos et sur les plats, tr. dor. (*Rel. anc.*). 150 fr.

Portrait. Bel exemplaire en PAPIER VÉLIN.

290. La Gournerie (Eug. de). Histoire de Paris et de ses monuments. *Tours, Mame,* 1854; in-8, demi-rel. chag. rouge, plats toile, tr. dor. 6 fr.

Figures de *K. Girardet, E. Rouargue,* etc., gravées sur acier par *A. Rouargue, P. Girardet*, etc.

291. La Guérinière. École de cavalerie, contenant la connoissance, l'instruction et la conservation du cheval. *Paris, par la Compagnie,* 1754; 2 vol. in-8, veau marbr. 18 fr.

Portrait gravé par *Thomassin*, planches dessinées et gravées par *Parrocel*.

292. La Harpe (J.-F.). Lycée ou cours de littérature ancienne et moderne. *Paris, Firmin-Didot,* 1821; 16 vol. in-8, demi-rel. veau fauve, dos ornés, tr. jasp. 25 fr.

Bel exemplaire.

293. Lairesse (Gérard de). Les principes du dessein ou méthode courte et facile pour apprendre cet art en peu de tems. *A Amsterdam et à Leipzig, chez Arkstée et Merkus,* 1746; in-fol., veau, dos orné. 40 fr.

Fleuron gravé par *Kuyberts*, 11 figures explicatives et suite de 120 grandes planches de *Blœmært, Goltius*, etc.

294. Lamartine (A. de). Chant du sacre ou la Veille des Armes. *Paris, Baudouin et Canel,* 1825; in-8, demi-rel. bas. 5 fr.

295. Lamartine. Cours familier de littérature. *Paris, chez l'auteur,* 1856-1869; 28 vol. gr. in-8, demi-veau fauve, tr. jasp. 80 fr.

Exemplaire très propre.

296. Lamartine (A. de). Jocelyn. *Paris, Gosselin,* 1848; in-8, demi-rel. veau fauve, dos orné. 10 fr.

Orné de nombreuses figures sur bois, hors texte, vignettes, culs-de-lampe.

297. Lamennais (F.). Œuvres posthumes, publiées selon le vœu de l'auteur par E.-D. Forgues. *Paris, Paulin et Le Chevalier,* 1856-59; 3 vol. in-8, demi-rel. dos et coins chag. brun, têtes dorées, *éb.* 9 fr.

Correspondance, 2 vol. Mélanges philosophiques et politiques, 1 vol.

Achat de Bibliothèques

298. La Motte (Comtesse de). Vie de Jeanne de Ste-Rémy de Valois, ci-devant comtesse de La Motte, contenant un récit détaillé et exact des évènements extraordinaires auxquels cette dame infortunée a eu part depuis sa naissance et qui ont contribué à l'élever au rang de confidente et favorite de la reine de France ; avec particularités ultérieures propres à éclaircir les transactions mystérieuses relatives au collier de diamans, à son emprisonnement et à son évasion presque miraculeuse, etc., et à sa requête à l'Assemblée nationale à l'effet d'obtenir une révision .de son procès. *Garnery,* 1792 ; 2 vol. in-8, demi-bas.   10 fr.

Seule édition complète. Bon exemplaire.

299. La Pérouse. Voyage autour du monde, exécuté pendant les années 1785-88, par J.-F. Galant de La Pérouse, rédigé et publié par L.-A. Millet-Murreau. *Paris, imp. de la République, an V* (1797); 4 vol. in-4 et atlas, gr. in-fol., demimar. rouge avec coins, tête dor., *non rognés,* dos ornés.   80 fr.

69 cartes et planches. Bel exemplaire.

300. Larrey (de). Histoire d'Angleterre, d'Écosse et d'Irlande, avec un abrégé des évènements les plus remarquables arrivez dans les autres états. *Rotterdam, Reinier Leers,* 1597 ; 4 vol. in-fol., veau, dos ornés.   70 fr.

Frontispice de *Werff,* gravé par *Vermeulen.* Nombreux portraits.

301. Las Cases. Memorial de Sainte-Hélène, ou journal où se trouve consigné jour par jour tout ce qu'a dit et fait Napoléon pendant dix-huit-mois. *Paris, l'auteur,* 1823 ; 8 vol. in-8, demi-rel. bas.   40 fr.

Édition originale, rare, de ces célèbres mémoires, ornée de plusieurs cartes. Voici ce que dit Quérard de cette édition : « Dans la première édition, Napoléon avait émis sur les personnages marquants de son règne des opinions qui donnaient à ces derniers une fâcheuse célébrité : ils firent des démarches près de M. Las-Cases qui, dans une seconde édition, voulut bien, soit pour eux, ou pour un autre motif, mettre dans la bouche de Napoléon des jugements quelquefois flatteurs pour les réclamants. »

302. Lavallée (Th.). Histoire des Français depuis le temps des Gau-

lois jusqu'en 1830, par Théophile Lavallée. Septième édition, revue, corrigée. *Paris, Hetzel,* 1847 ; 2 vol. gr. in-8, demi-rel. chagrin jaune.   12 fr.

Hors texte gravés sur acier par *Lefèvre, Pourvoyeur, Geoffroy, Delannoy,* etc., d'après *Girodet, Rouget, Ary Scheffer, Vanloo, Steuben,* etc.

303. Lazius (Wolfgang). De Gentium aliquot migrationibus, sedibus fixis, reliquiis, linguarumque, initiis et immutationibus ac dialectis, libri XII. In quibus præter cæteros populos, Francorum, Alemanorum, Suevorum, Marcomanorum, Boiorum, Carnorum, Tauriscorum, Celtorumque, atque Gallogrecorum tribus. *Basilæ, per Joannem Oporinum.*(In fine:) 1557 *mense martio;* in-fol. de 846 pp. et 16 ff., peau de truie estampée, fermoirs (*Rel. anc.*).   150 fr.

EDITION ORIGINALE très rare de cet intéressant ouvrage (Brunet donne l'édition de 1572 comme étant la primitive), illustrée de belles figures sur bois représentant les anciens peuples d'Europe dans leurs costumes de guerre.
Bel exemplaire dans sa reliure officinale primitive.

304. Le Baillif (Roch). Le demosterion de Roch Le Baillif, edelphe medecin spagiric, auquel sont contenuz trois cens aphorismes latins et françois. *Rennes, Pierre le Bret,* 1578. — Petit traité de l'antiquité et singularités de Bretagne armorique, 1577 ; 2 part. en 1 vol. in-12, demi-rel. bas.   25 fr.

Livre rare et curieux où se trouvent deux tableaux pliés, donnant l'un les vingt-huit phases de la lune, l'autre les conjonctions des planètes.

305. Leber (C.). Des Cérémonies du Sacre ou recherches historiques et critiques sur les mœurs, les coutumes, les institutions et le droit public des français dans l'ancienne monarchie. *Paris, Baudouin,* 1825 ; in-8, demi-rel. basane.   25 fr.

48 planches en taille-douce représentant les costumes et les cérémonies du sacre royal.

306. Leblan (architecte). Album de menuiserie d'architecture. *Paris, V. Quctin,* 1872 ; in-fol. en feuilles dans un carton.   8 fr.

42 planches.

307. Le Clerc (Séb.). Premiers elemens de la peinture pratique (par

Michel Corneille), enrichis de figures de proportion mesurées sur
l'antique, dessinées et gravées par
J.-B. Corneille. — Figures d'académie pour apprendre à désiner,
gravées par Sébastien Le Clerc.
Paris, Langlois, 1684 ; ens. 2 part.
en 1 vol. in-12, veau, dos orné. 15 fr.

> Frontispice, fleuron et vignettes par *J.-B. Corneille*. Suite de 47 planches gravées en taille-douce par *S. Le Clerc*.

308. **Legenda** major sanctissimi
patris Franciscia sancto Bonaven-
tura. Suavissimo et religionis pie-
tatem, redolente stilo composita.
Impresso Cuburii, anno domini
1576 ; in-12, vélin.   25 fr.

> Figure sur bois au titre.

309. **Le Long** (Jacques). Bibliothèque
historique de la France contenant
le catalogue de tous les ouvrages
tant imprimez que manuscrits qui
traitent de l'histoire de ce roïaume
ou qui y ont rapport. *Paris, Ch.
Osmont*, 1719 ; in-fol., cart. 20 fr.

> Un des ouvrages les plus essentiels qu'ait produits la science bibliographique.

310. **Lemau de La Jaisse**. Carte
générale de la monarchie françoise,
contenant l'histoire militaire depuis
Clovis, premier roy chrétien, jusqu'à la quinzième année accomplie
du règne de Louis XV, mise au
jour par l'auteur en 1733. *S. l. ;*
in-fol., veau, fil., dos orné.   50 fr.

> Ouvrage composé en vingt tables enri-chies de tailles-douces, non compris le titre Vues de Paris, de Versailles, de l'Hôtel des Invalides.

311. **Le Noble**. Dialogue entre le
diable boiteux et le diable borgne,
2 tomes. — La lorgnette du diable
borgne, pour connoitre le passé,
le présent et le futur, par les entretiens entre le diable borgne et
le diable boiteux. *Amsterdam,
Estienne Roger*, 1708. Ensemble
trois parties en 4 vol. in-12, demi-
rel. dos et coins veau rac.   10 fr.

> Frontispice. Le tome I du Dialogue contient six entretiens. Le tome II n'en contient qu'un seul.

312. **Lens** (André). Le costume des
peuples de l'antiquité prouvé par
les monuments par André Lens,
peintre. Nouvelle édition, corrigée,
rectifiée et considérablement augmentée par G. H. Martini. *Dresde,*

Wather, 1785 ; in-8, veau, dos
orné, tr. dor.   18 fr.

> Fleuron, vignettes, culs-de-lampe et 57 figures gravées sur cuivre par *Bocce, Keyl, Balzer*. Édition recherchée.

313. **Léonard**. Poésies pastorales
suivies de la voix de la nature,
poëme, des lettres de Sainville et
de Sophie, et d'autres pièces en
vers et en prose, 1771. Le temple
de Gnide, poëme imité de Montesquieu, par M. Léonard. Nouvelle
édition augmentée de l'amour
vengé. *Paris, Dufour*, 1773. — Le
désaveu de la nature, nouvelles
lettres en vers. *A Londres et à
Paris chez Fetil*, 1770 ; 3 parties
en un vol. in-8, veau marbr., fil.,
dos orné.   15 fr.

> Frontispice de *Marillier* gravé par *E. de Ghendt*, 2 vignettes et 2 culs-de-lampe par *Eisen* gravées par *Aliamet, de.Ghendt*, etc. — Temple de Gnide, frontispice et 11 figures par *Desrais* gravés par *Patus, de Monchy*, etc.

314. **Le Sage**. Histoire de Gil Blas
de Santillane. Préface par H. Rey-
nald. *Paris, Jouaust*, 1879 ; 4 vol.
in-12, mar. rouge jans., tête dor.,
non rogné (Chambolle-Duru). 170 fr.

> Très bel exemplaire sur PAPIER DE CHINE avec 13 eaux-fortes par *R. de Los Rios*, et la suite, ajoutée, des figures de *H. Pille*, sur *Chine* AVANT LA LETTRE.

315. **Leturcq** (J.-F.). Notice sur
Jacques Guay, graveur sur pierres
fines du roi Louis XV. *Paris,
Baur*, 1873 ; gr. in-8, br.   10 fr.

> Planches hors texte.

316. **Le Verrier de la Conterie**.
Venerie normande, ou l'école de
la chasse aux chiens courants, pour
le lièvre, le chevreuil, le cerf, le
daim, le sanglier, le loup, le re-
nard et la loutre ; avec les tons de
chasse. *Rouen, Laur. Dumesnil*,
1778 ; in-8, pl., demi-rel. veau. 60 fr.

> Deuxième édition plus ample que la pré-cédente. Bel exemplaire.

317. **Lièvre** (Ed.). Works of art in
the Collections of England. *London, Holloway ;* in-fol. en feuilles
dans un carton.   30 fr.

> 50 eaux-fortes par *Bracquemond, Cour-try, Flameng, Greux, Le Rat, Lher-mitte, J. Lièvre*, etc.

318. **Lipsius** (Just.). Justi Lipsi de
cruce libri tres ad sacram profa-
namque historiam utiles. Una cum

notis. Editio ultima, serio casti-
gata. *Lutetiae , apud Laurent.
Sonnium*, 1606 ; in-12, vélin. 25 fr.

> Fleuron, 15 figures en taille-douce re-
> présentant des supplices. Non cité par
> Brunet.

319. Livre (le), revue mensuelle.
Bibliographie ancienne. — Bibliographie moderne. *Paris, Quantin*,
1880-1887 ; 16 vol. in-4, cart., *non
rognés*.   150 fr.

> Belles et nombreuses illustrations.
> Revue rédigée sous la savante direction
> de M. Octave Uzanne, avec beaucoup de
> soin et d'érudition par les écrivains les
> plus compétents de notre époque dans la
> science bibliographique.
> Bel exemplaire.

320. Livre (le) du centenaire du
Journal des Débats, 1789-1889.
*Paris, Plon, Nourrit et C*ie*, 1889;
in-4, br.   10 fr.

> Portraits reproduits par l'héliogravure.
> Eaux-fortes par V. *Meunier, Le Rat, E.
> Sadoux*. Fac-simile de pièces diverses.
> Bel exemplaire.

321. Livre d'Heures (le) de la
reine Anne de Bretagne. Traduit
du latin et accompagné de notices
inédites, par M. l'abbé Delaunay.
Paris, L. Curmer, 1841 ; gr. in-4,
en 50 livraisons.   500 fr.

> Très bel exemplaire, bien complet et en
> feuilles, de cette magnifique reproduction
> par la chromolithographie du célèbre ma-
> nuscrit d'Anne de Bretagne, chef-d'œuvre
> de l'art du miniaturiste au début du XVIe
> siècle.

322. Livre rouge. Premier [deu-
xième et troisième] Registre des
dépenses secrètes de la Cour, connu
sous le nom de Livre rouge, ap-
porté par les députés des corps
administratifs de Versailles le 28
février 1793. *Paris, impr. nationale,* 1793 ; 3 parties en un vol.
in-8, demi-rel. bas.   10 fr.

323. Livre (Le) des Sonnets. Seize
dizains de sonnets choisis. *Paris,
Lemerre*, 1893 ; in-12, demi-rel.
dos et coins mar. bleu, fil., tête
dor., éb.   6 fr.

> Frontispice par *Monziès*. — État de neuf.

324. Locatelli (Pasino). Notizie
intorno a Giacomo Palma, il vec-
chio, ed alle sue pitture. *Bergamo*,
1890 ; gr. in-8, br.   8 fr.

> Dix-huit reproductions de tableaux de
> Giacomo Palla.

325. Longus. LES AMOURS PASTO-
RALES de Daphnis et de Chloé,

escriptes premièrement en grec
par Longus, et puis traduictes en
françois. *Paris, Vincent Sertenas,*
1559 ; in-8, mar. bleu, fil. à froid,
doublé de mar. rouge, dent., tr.
dor. (*Bauzonnet-Trautz*).   600 fr.

> Première édition, très rare, de la tra-
> duction d'Amyot, comprenant 83 ff. ch.
> et 1 f. contenant au v° la marque du
> libraire (Silvestre, n° 221).

326. Longus. Les Amours pastorales de Daphnis et Chloé. Double
traduction du grec en françois de
M. Amiot et d'un Anonime, mises
en parallèle. *Paris , imprimées
pour les curieux*, 1757 ; in-4, front.
et fig., mar. rouge, dos orné, fil.,
tr. dor. (*Rel. anc.*).   250 fr.

> Très jolie édition dite *des Curieux*,
> ornée de figures dessinées par le *Régent*,
> gravées par *Audran*, renfermées dans
> des encadrements, et de vignettes en-têtes
> et culs-de-lampe par *Eisen* et *Cochin*.
> Très bel exemplaire en PAPIER DE HOL-
> LANDE.

327. Longus. Ποιμενικῶν τῶν κατὰ
Δάφνιν καὶ Χλόην βιβλοι τέτταρες,
cum proloquio de libris eroticis
antiquorum. (A P.-M. Paciaudi).
*Parmæ , ex regio typographeio
(Bodoni)*, 1786 ; in-4 , demi-rel.
mar. rouge, *non rogné*.   10 fr.

> Belle édition. Exemplaire sur PAPIER
> VERGÉ blanc.

328. Loqman. Fables de Loqman,
surnommé le Sage ; traduites de
l'arabe et précédées d'une notice
sur ce célèbre fabuliste par J.-J.
Marcel. Seconde édition augmentée
de quatre fables inédites. *Paris,
de l'imprimerie de la république*,
an XI-1803 ; in-12, cart.   6 fr.

329. Loret. La Muse historique ou
recueil des lettres en vers contenant les nouvelles du temps, 1650-
1665. Nouvelle édition par MM. J.
Ravenel, de la Pelouze et Livet.
*Paris , 1857-1878 ; 4 vol. in-8,
br.   18 fr.

> Ouvrage des plus précieux pour l'his-
> toire anecdotique et journalière du com-
> mencement du règne de Louis XIV. La
> relation de certains événements ne se
> trouve mentionnée que dans cette gazette
> rimée.

330. Lorris et Meung.

> Cy est le rommant de la Roze
> Ou tout lart damour est enclose
> Hystoires et auctoritez
> Et maintz beaulx propos usitez
> . . . .

Et de Livres anciens et modernes

On les vend à Paris, en la boutique de Galliot du Pré, 1531 ; pet. in-fol. goth. à 2 col., vélin. 250 fr.

Figures sur bois et marque de Galliot du Pré sur le dernier feuillet du volume. Cachet sur le titre.

331. **Lucain**. La Pharsale, traduite en françois par M. Marmontel, de l'Académie françoise. *Paris, Merlin*, 1766 ; 2 vol. in-8, veau marbré, fil., dos ornés. 12 fr.

1 frontispice et 10 figures par *Gravelot* gravés par *Duclos, de Ghendt, Le Mire, Née, Rousseau* et *Simonnet*.

332. **Lucrèce**. De la nature des choses. Traduction nouvelle avec des notes par M. L* G** (Lagrange). *Paris, Bleuet*, 1768 ; 2 vol. in-8, veau éc., fil., dos ornés, tr. dor. 40 fr.

Frontispice et 6 figures par *Gravelot* gravés par *Binet*. Très belle édition de cette traduction estimée. PAPIER DE HOLLANDE.

333. **Lupi**. Epistolæ et vita divi Thomæ martyris et archiepiscopi Cantuariensis. Nec non epistolæ Alexandri III pontificis, Galliæ regis Ludovici septimi. Opera et studio F. Christiani Lupi, Iprensis. *Bruxellis, typ. E. H. Fricx*, 1682 ; 2 vol. in-4, mar. rouge, dos orné, fil. (*Rel. anc.*). 150 fr.

Bel exemplaire aux armes et au chiffre de J.-B. COLBERT.

334. **Magnin** (Ch.). Causeries et Méditations historiques et littéraires. *Paris, Duprat*, 1843 ; 2 vol. in-8, demi-mar. vert, tête dor., non rogné, dos orné (*Koehler*). 8 fr.

335. **Magnus** (Olaus). Historia de gentibus septentrionalibus. *Antverpiæ, ex officina Christ. Plantini*, 1558 ; in-8, demi-rel. veau. 100 fr.

Bel exemplaire, orné de jolies et curieuses petites figures sur bois, de cet abrégé du grand ouvrage de Magnus, dû à Corn. Scribonius Graphæus.

336. **Maindron** (Ernest). Marionnettes et guignols, les poupées agissantes et parlantes à travers les âges. *Paris, Juven, s. d.*; in-4, br. 16 fr.

Ouvrage illustré de 8 planches en couleurs et de 148 planches ou figures en noir, d'après les documents originaux.

337. **Maîtres de l'affiche** (Les). Publication mensuelle contenant la reproduction des plus belles affiches illustrées des grands artistes français et étrangers. *Paris, Chaix*, 1896-1900 ; 5 vol. in-fol., cart. fers spéciaux, têtes dor., *non rognés.* 125 fr.

Planches en couleurs. Exemplaire à l'état de neuf.

338. **Malherbe**. Poésies suivies d'un choix de ses lettres. Édition nouvelle avec des variantes et des notes. *Paris, Janet et Cotelle*, 1822 ; in-8, veau fauve, ornements à froid sur le dos et sur les plats, tr. jasp. 5 fr.

Portrait de *Du Moustier* gravé par *Dequevauviller*.

339. **Mantz** (Paul). Les Chefs-d'Œuvre de la Peinture italienne. *Paris, Firmin-Didot*, 1870; in-fol., cart. toile (*Rel. de l'édit.*). 30 fr.

Ouvrage contenant 20 planches chromolithographiques exécutées par *F. Kellerhoven*, 30 planches sur bois et 40 culs-de-lampe et lettres ornées.

340. **Manuscrit**. L'office des chevaliers de l'ordre du Saint-Esprit. *S. l. n. d. (Paris, XVIIe siècle)*; in-4, veau, tr. rouge. 60 fr.

Manuscrit de 26 ff. artistement calligraphié par *C. Baron*, auteur également de la traduction française. Exemplaire aux armes de LE TONNELIER DE BRETEUIL.

341. **Marchangy** (de). La Gaule poétique. 5e édition publiée sur les notes et les corrections laissées par l'auteur. *Paris, Hivert*, 1834 ; 8 vol. in-8, br. 30 fr.

342. **Maréchal** (Sylvain). Dictionnaire des athées anciens et modernes par Sylvain M.....l. *Paris, Grabit, an VIII* (1800); in-8, veau rac., dos orné, tr. dor. 20 fr.

Exemplaire de Sylvain Maréchal. On a ajouté une note autographe de l'auteur. Bel exemplaire en grand papier vélin de ce curieux ouvrage.

343. **Marguerite de Navarre**. L'Heptaméron des nouvelles de très haute et très illustre princesse Marguerite d'Angoulême, reine de Navarre. Publié sur les manuscrits par les soins et avec les notes de MM. Le Roux de Lincy et Anatole de Montaiglon. *Paris, Eudes*, 1880 ; 4 tomes en huit vol. in-8, br. 150 fr.

Édition luxueuse ornée des figures de *Freudeberg* et de *Dunker* et de nouvelles planches destinées à cette réimpression. Un des 40 exemplaires sur papier Whatman avec les figures en triple état, en noir sur Japon, en bistre et en sanguine. Publié à 400 fr.

344. Marolles (M. de). Tableaux du temple des muses tirez du cabinet de feu M. Favereau avec les descriptions, remarques et annotations composées par M. Michel de Marolles, abbé de Villeloin. *Amsterdam, Abraham Wolfgank,* 1676 ; pet. in-4, veau.   30 fr.

58 belles gravures d'après *Bloemaert.*

345. Marot (Clément). Les œuvres de Clément Marot, de Cahors, valet de chambre du roy, reveuës et augmentées de nouveau. *A La Haye, chez Adrian Moetjens,* 1700 ; 2 vol. in-12, veau, dos ornés. 50 fr.

Première édition sous cette date. Hauteur : 135 mill. Bel exemplaire.

346. Martirologe (le) ou l'histoire des martyrs de la Révolution (par J.-G. Peltier). *A Coblentz, et à Paris, chez Artaud,* 1792 ; in-8, demi-rel. bas.   10 fr.

Orné de 3 figures non signées.

347. Maulde (de). Procédures politiques du règne de Louis XII. *Paris, Imprimerie nationale,* 1885 ; in-4, cart.   12 fr.

Bel exemplaire.

348. Mauriceau (François). Des maladies des femmes grosses et accouchées, ouvrage très utile aux chirurgiens et nécessaire à toutes les sages-femmes pour apprendre à bien pratiquer l'art des accouchemens. *Paris, Hénault,* 1668 ; in-4, veau.   35 fr.

Frontispice de *Paillet* gravé par *Vallet.* Figures en taille-douce. Reliure fatiguée.

349. Mauvais (les) Garçons (par Alph. Royer et Aug. Barbier). *Paris, Renduel,* 1830 ; 2 vol. in-8, demi-rel. dos et coins de veau fauve, dos orné.   8 fr.

ÉDITION ORIGINALE. 2 vignettes sur les titres par *Tony Johannot.* Quelques feuillets tachés.
2 exemplaires.

350. Mazzella. Le vite dei re di Napoli, con le loro effigie dal naturale del Scipioni Mazzella. Ove ordinatamente si raccontano le successioni, le Guerre ei geste loro e delle cose più degne oltrone ne' medesimi tempi avvenute. *In Na-*

poli, Bonfadino, 1594 ; in-4, vélin blanc.   10 fr.

Mouillures. Nombreux portraits et blasons.

351. Médailles sur les principaux événements du règne de Louis le Grand, avec des explications historiques. *A Paris, de l'imprimerie royale,* 1702 ; in-fol., veau, dos orné, fil., tr. dor. (*Rel. anc.*).   80 fr.

Beau frontispice par *Coypel,* contenant un superbe portrait de Louis XIV, gravé par *Simonneau* et 289 planches gravées. Les vignettes sont de Leclerc, les encadrements de Simonneau et les médailles de Cochin père. Superbe exemplaire de la 1re édition au chiffre et aux armes de Louis XIV.

352. Mellin de Saint-Gelais. Œuvres poétiques de Mellin de S. Gelais. *Lyon, Antoine de Harsy,* 1574 ; in-8 réglé de 8 ff. et 253 pp., mar. bleu, tr. dor. (*Trautz-Bauzonnet,* 1851).   300 fr.

Cette jolie édition, qui passa longtemps pour l'originale, est la seconde et la plus complète des œuvres de ce poète. Exemplaire grand de marges.

353. Mémoires secrets de la cour de France, contenant les intrigues du cabinet, pendant la minorité de Louis XIV (par L. Rustaing de Saint-Jory). *Amsterdam, Girardi,* 1733 ; 3 vol. in-12, veau, dos ornés.   10 fr.

354. Menagiana ou les bons mots et remarques critiques, historiques, morales et d'érudition de Monsieur Ménage, recueillis par ses amis. *Paris, Vve Delaulne,* 1729 ; 4 vol. in-12, veau marbré, dos ornés. 25 fr.

Exemplaire aux armes de FAUCONNET DE VILDÉ, conseiller de la ville de Paris.

355. Menestrier (C.-F.). Histoire du roy Louis Le Grand par les médailles, emblêmes, devises, jettons, inscriptions, armoiries, et autres monumens publics recueillis et expliquez par le père Claude-François Menestrier. Nouvelle édition, augmentée de cinq planches. *Paris, Nolin,* 1593 ; pet. in-fol., cart.   15 fr.

Titre, frontispice et 61 planches de médailles et d'armoiries gravés en taille-douce.

356. Méré (le Chevalier de). Maximes, sentences et réflexions morales et politiques (par le Chevalier de Méré). *Paris, Guillaume Cave-*

lier, 1687 ; in-12, mar. rouge jans., tr. dor. (*Trautz Bauzonnet*). 100 fr.

ÉDITION ORIGINALE.

357. Mérimée (Prosper). Lettres à une inconnue précédées d'une étude sur Mérimée par H. Taine. *Paris, Michel Lévy*, 1874 ; 2 vol. in-8, demi-rel. veau violet.   6 fr.

358. Mézeray (le S^r de). Histoire de France avant Clovis, l'origine des François et leur établissement dans les Gaules. *Amsterdam, et se vend à Liège, chez J.-F. Broncart*, 1700 ; in-12. — Abrégé chronologique de l'Histoire de France, divisé en six tomes. *Amsterdam, Ant. Schelte*, 1700 ; 6 vol. in-12, front. grav. et portraits. Ens. 7 vol. in-12, mar. rouge jans., tr. dor.   250 fr.

Bel exemplaire dans une bonne reliure ancienne:
Aux armes d'ESTAVAYÉ, BARON DE MOLONDIN.

358. Michaux (André). Histoire des arbres forestiers de l'Amérique Septentionale considérés principalement sous les rapports de leur usage dans les arts et de leur introduction dans le commerce. *Paris, Haussmann*, 1812 ; tomes II et III.   80 fr.

130 planches en couleurs par *Bessa* et *Redouté*.

360. Mignet (F.-A.). Histoire de la Révolution française, depuis 1789 jusqu'en 1814. Quatrième édition. *Paris, Firmin Didot*, 1827 ; 2 vol. in-8, demi-rel. bas., dos orné. 8 fr.

A la fin, tableau explicatif gravé, indiquant les rapports des différents pouvoirs.

361. Milleville (Henry de). Armorial historique de la Noblesse de France. *Paris, Vaton*, 1845 ; gr. in-8, demi-rel. bas. verte.   10 fr.

Blasons et vignettes. — Taches.

362. Millin (A.-L.). Histoire métallique de la Révolution française ou recueil des médailles et des monnoies qui ont été frappées depuis la convocation des états-généraux jusqu'aux premières campagnes de l'armée d'Italie. *Paris, imprimerie impériale*, 1806. — Description des travaux exécutés pour le déplacement, transport et élévation des groupes de Coustou, imprimée et gravée par ordre du gouvernement, présentée au directoire exécutif par J.-F.-L. Grobert ; 2 part. en 1 vol. in-4, veau.   25 fr.

26 planches de médailles dessinées par *Garnerey*, gravées par *Clener* dans la 1re partie. — La seconde partie contient 15 pages et 9 planches dessinées par *Lanoy* et gravées par *Sellier*. Ce dernier ouvrage étant d'un format oblong, chaque feuillet a dû être plié pour tenir dans le vol. in-4.

363. Missel D'ISABEAU DE LA TOUR D'AUVERGNE. In-16, mar. noir, fil., dos orné, tr. dor. (*Anc. rel.*) 3.500 fr.

Joli manuscrit de 198 feuillets de vélin exécuté dans le Midi de la France, au début du XVIe siècle pour ISABEAU DE LA TOUR D'AUVERGNE, religieuse de l'Ordre de Saint-Dominique au monastère de Prouille, en Languedoc, de 1470 à 1508, époque de son décès. Elle était fille d'Agne de la Tour et d'Anne de Beaufort, vicomtesse de Turenne. Ce fut cette Anne de Beaufort qui apporta le vicomté de Turenne à la maison de la Tour d'Auvergne.

L'illustration de ce joli volume consiste en quatorze charmantes petites miniatures peintes avec beaucoup de délicatesse et de grâce, dont la plupart sont la représentation de sujets religieux qui n'ont été traités qu'assez rarement par les artistes enlumineurs dans la décoration des manuscrits : La Présentation ; — L'Entrée à Jérusalem ; — Jésus au jardin des Oliviers ; — Jésus lavant les pieds de ses disciples, le jeudi-saint : — la Résurrection ; — l'Ascension ; — la Cène ; — Saint Jean-Baptiste enseignant ; — Saint Dominique entouré des religieuses de son ordre : — l'Assomption de la Vierge ; — le roi Saint Louis (l'artiste s'est inspiré dans cette miniature des traits du roi Louis XII, alors régnant. pour représenter le Saint Roi ; — La Nativité de la Vierge ; — Moines chantant l'office ; — la Crucifixion. Dix de ces miniatures ont dans leurs bordures les armoiries, peintes en losange, d'Isabeau de la Tour, qui sont : Ecartelé : au 1. et 4. Semé de France à la tour d'argent (La Tour) ; au 2. d'or, au gonfanon de gueules, bordé de sinople (Auvergne) ; au 3. bandé d'or et de gueules de huit pièces (Turenne). Neuf contiennent son portrait, agenouillée en costume de dominicaine.

Cette jolie série est encore intéressante par les divers types de costumes du commencement du XVIe siècle qu'offrent plusieurs de ces compositions, notamment la douzième où se voient un intérieur avec quatre femmes vêtues différemment.

Toutes les pages du texte qui est formé de prières et de chant liturgique avec notation musicale, sont entourées par de belles et gracieuses bordures inspirées des compositions du début du XVe siècle, où les insectes aux ailes diaprées et les oiseaux au plumage éclatant se jouent dans des branchages de rinceaux d'or et de couleur.

La conservation de ce charmant manuscrit est parfaite.

364. Misson. Voyage d'Italie par Maximilien Misson. Edition aug-

mentée de remarques nouvelles et intéressantes. *Amsterdam et Paris,* 1743 ; 4 vol. in-12, front. et fig., mar. vert, fil., tr. dor. (*Rel. anc.*).
220 fr.

Nombreuses planches, vues de villes, de monuments, de costumes, etc. Exemplaire portant sur le dos les armes de JEAN DU BARRY, dit *le Roué.*

365. Mitelli. Proverbi figurati da Giuseppe Maria Mitelli, pittore bolognese, e da lui inventati, desegnati e intagliati. (*Bologna*), 1678 ; pet. in-fol., demi-rel. veau. 150 fr.

Rare recueil de Proverbes figurés comprenant un titre, un f. de dédicace à Fr.-Marie de Toscane, et 48 planches sur cuivre exécutées avec autant de soin que de goût.

366. Mode illustrée (La). Journal hebdomadaire. *Paris, Didot,* 1868-1871 ; 6 vol. in-fol., demi-rel. chag. noir, plats toile, tr. dor. 50 fr.

Nombreuses figures dans le texte et planches de modes coloriées.

367. Molière. Œuvres complètes. *Paris, David,* 1739 ; 8 vol. in-12, veau. 15 fr.

Edition ornée de figures.

368. Molière. Théâtre. Edition collationnée sur les textes originaux. *Lyon, N. Scheuring (imp. de L. Perrin,* 1866-1870) ; 8 vol. in-8, br. 150 fr.

Eaux-fortes de *Hillemacher.*

369. Molière. Album de Suites de gravures pour illustrer les Œuvres de Molière; in-fol., demi-mar. bleu, *non rogné,* monté sur onglets. 200 fr.

Comprenant : 1° la suite complète de 1 portr. d'après Coypel et 33 figures in-4 de Boucher, grav. par *Laurent Cars,* pour l'édition Delarue. Epreuves sur Chine.
2° 1 portrait de Molière d'après Mignard, gravé par *E. Scriven,* in-8, sur Chine collé.
3° 1 portrait de Molière, gravé sur acier par *Hopwood,* in-8, sur Chine collé.
4° La suite complète de 1 portrait peint par Mignard gravé par *Cathelin* et 33 figures de Moreau le jeune pour l'édition de Bret. Tirage de Leclère, in-8. Belles épreuves sur Chine collé.
5° Suite complète de 1 portrait et 30 figurines de Moreau le jeune, grav. par *Bosq, Croutelle, de Ghendt, Girardet, Dehaux,* etc., in-8 sur Chine collé.
6° 1 portrait d'après Coypel, gravé par *Ficquet,* in-8 sur Chine collé, tirage moderne.
7° 1 portrait et 3 figures d'après Lalauze, in-4, avant la lettre sur Japon.
8° Suite complète de 1 portrait et 33 figures de *Lalauze,* in-4, tirage sur Whatman, avant la lettre.
9° Suite de 1 portrait et 31 figures in-4,

pour l'édition de La Place. Epreuves en deux états en couleur sur blanc et en noir sur Chine collé.
Ensemble 171 pièces.

370. Moncrif (de). Contes avec une notice bio-bibliographique par Octave Uzanne. *Paris, Quantin,* 1879 ; in-8, br. 6 fr.

Portrait par *Lalauze.* Vignettes par *Gaujean* et *Huet.* Figures sur bois.

371. Monnier (Antoine). Le Haschisch, contes en prose, sonnets et poëmes fantaisistes, illustrés de 32 eaux-fortes. *Paris, Wilhem,* 1877 ; in-4, br. 15 fr.
— *Le même,* texte seul. 3 fr. 50

372. Monstrelet. La Chronique d'Enguerrand de Monstrelet en deux livres avec pièces justificatives (1400-1444), publiée pour la Société de l'histoire de France par L. Douët d'Arcq. *Paris, Renouard,* 1857 ; 6 vol. in-8, cart., demi-perc., *non rognés.* 45 fr.

Bel exemplaire.

373. Montaigne. Les Essais de Michel, seigneur de Montaigne. Edition nouvelle prise sur l'exemplaire trouvé après le décéds de l'autheur, reveu et augmenté d'un tiers oultre les précédentes impressions. *A Paris, chez Abel l'Angelier,* 1604 ; in-8, titre-frontispice gravé, mar. rouge jans., tr. dor. (*Trautz-Bauzonnet*). 300 fr.

Très jolie édition contenant 1 titre-frontispice, 1 feuillet de préface, 32 ff. de table et 1032 pages chiffrées. Haut. 165 mm. Très bel exemplaire.

374. Montaigne. Les Essais de Michel, seigneur de Montaigne. Nouvelle édition... augmentée de quelques lettres de l'auteur... avec de courtes remarques et de nouveaux indices par Pierre Coste. *Londres, J. Tonson et J. Watts,* 1724 ; 3 vol. gr. in-4, portrait. — Supplément aux Essais de Michel de Montaigne, contenant la vie de Montaigne, par M. le Président Bouhier, etc. *Londres, G. Darras,* 1740 ; gr. in-4. Ens. 4 vol. gr. in-4, veau fauve, fil., dos ornés (*Rel. anc.*). 60 fr.

375. Montaigne. Essais. Nouvelle édition publiée d'après l'édition la plus authentique et avec des sommaires analytiques et de nouvelles notes par Amaury Duval, augmentée de la Vie, des lettres et de plusieurs opuscules de Montaigne, du traité de la Servitude volontaire, etc. *Paris, chez Chasseriau et Dondey-Dupré,* 1824 ; 6 vol. in-8, demi-rel. veau, dos ornés, tr. jaspées. 26 fr.

Portrait par *Audoin.*

376. **Montenay** (Georgette de). Emblemes, ou devises chrestiennes, composées par demoiselle Georgette de Montenay. *Lyon, Jean Marcorelle,* 1571 ; in-4, vélin à recouvrements (*Rel. anc.*). 500 fr.

ÉDITION ORIGINALE de ce livre rare et curieux renfermant cent emblèmes gravés par *Wœriot.*

Exemplaire contenant une belle épreuve du très rare portrait de Georgette de Montenay qui manque presque toujours.

377. **Montesquieu.** Œuvres avec éloges, analyses, commentaires, remarques, notes, réfutations, imitations ; par MM. Destutt de Tracy, Villemain, membres de l'Institut ; d'Alembert, Helvetius, Voltaire, Condorcet et Bertolini. *Paris, Feret,* 1827 ; 8 vol. in-8, demi-rel. dos et coins veau, dos ornés (*Ginain*). 80 fr.

Portrait dessiné par *Chaudet,* gravé par *P.-A. Tardieu.* Jolie reliure.

378. **Montpensier** (Mlle de). Mémoires de Mlle de Montpensier, petite-fille de Henri IV, collationnés sur le manuscrit autographe. Avec notes biographiques et historiques par A. Chéruel. *Paris, Charpentier,* 1858 ; 4 vol. in-12, demi-rel. veau fauve, tr. jasp. 15 fr.

Bel exemplaire.

379. **Mordente** (Fabrilio). Le Propositioni ; solo in questa opera si trovo il vero methodo di geometria concreta. *Roma,* 1598 ; in-4 de 28 ff. cart. 10 fr.

Opuscule fort rare. Il est entièrement gravé et seulement au recto de chaque feuillet.

Exemplaire grand de marges contenant un fort bon tirage des encadrements hors texte.

Cachet qu'on a cherché à effacer sur le titre.

380. **Moreri.** Le grand dictionnaire historique ou le mélange curieux de l'histoire sacrée et profane. Nouvelle édition dans laquelle on a refondu les suppléments de M. l'abbé Goujet. Le tout revu, cor-

rigé et augmenté par M. Drouet. *Paris, libraires associés,* 1759 ; 10 vol. in-fol., veau, dos orn. 120 fr.

Frontispice de *Desmarets,* gravé par *Thomassin,* d'après *De Troye.* En-tête de dédicace, lettres ornées, dessinés par *F. Boucher* et gravés par *Tardieu.*

381. **Morgan** (lady). La France par lady Morgan, ci-devant Miss Owenson. *Paris et Londres, chez Treuttel et Würtz,* 1817 ; 2 vol. in-8, demi-rel. bas. 8 fr.

382. **Moyen-Age** (Le) et la Renaissance. Histoire et description des mœurs et usages, du commerce et de l'industrie, des sciences, des arts, des littératures et des beaux-arts en Europe. Direction littéraire de Paul Lacroix. Direction artistique de M. Ferdinand Seré. *Paris,* 1848-1851 ; 5 vol. in-4, demi-rel. dos et coins de mar. rouge, fil., têtes dorées, *non rognés.* 250 fr.

Belle publication ornée de nombreuses planches noires et en chromolithographie.

383. **Murr** (C.-G. de). Notice sur les estampes gravées par Marc-Antoine Raimondi d'après les dessins de Jules Romain et accompagnées de sonnets de l'Arétin par C.-G. de Murr, traduit et annoté par un bibliophile. *Bruxelles, Mertens,* 1865 ; in-12, demi-rel. mar. rouge, tête dor. 6 fr.

Tiré à cent exemplaires sur PAPIER DE HOLLANDE. N° 35.

384. **Musée** antique. 24 planches gravées en taille-douce par *Duflos,* d'après les monuments de l'antiquité ; in-8, veau marbré, dos orné. 15 fr.

385. **Muses** (les) du foyer de l'Opéra, choix de poésies libres, galantes, satyriques et autres les plus agréables qui ont circulé depuis quelques années dans les sociétés galantes de Paris. *Bruxelles, Kistemaeckers,* 1883 ; in-8, br. 12 fr.

386. **Musique.** Les A-Propos de Société ou chansons de M. L***. *S. l.,* 1776 ; 2 vol. — Les A-Propos de la Folie ou chansons grotesques, grivoises et annonces de parade. *S. l.,* 1776 ; ens. 3 vol. in-12, veau rac., dos ornés, tr. jasp. 50 fr.

3 frontispices, titres, vignettes et culs-de-lampe de *Moreau le jeune,* gravés par

De Launay, Duclos, Martini, Simonnet. 264 chansons avec la musique.

387. Musique. Chansons joyeuses. *A Paris, à Londres et à Hispahan seulement, s. d.;* pet. in-8, veau marbré, fil., dos orné. 20 fr.

Frontispice de *Gravelot,* gravé par *Née.* Recueil de 35 chansons imprimées avec la musique.

388. Musique. Infima vox. *S. l. n. d.* (vers 1500); in-12 de 32 ff., br. 50 fr.

Rythme musical noté des différents vers latins. Très rare.

389. Musique. La Muse lyrique dédiée à la reine. Recueil d'airs avec accompagnement de guitarre par M. Patouart fils. Par souscription. *A Paris, chez M. Baillon, s. d.;* in-8, veau, dos orné. 40 fr.

Très joli titre et frontispice de *Huet,* par *Le Grand.* 156 pp. de musique gravée.

390. Musique. Traité général des élémens du chant, par l'abbé Lacassagne. — L'Uni-Clésier musical pour servir de supplément au traité général des élémens du chant. *Paris, 1766;* in-8, br., dérelié. 50 fr.

Très beau titre frontispice gravé et 189 pages de musique avec encadrements gravés en taille-douce pour le traité des élémens du chant. La planche noire existe dans notre exemplaire. — 16 pp. de texte et 12 pp. de musique gravée pour l'Uni-Clésier. — Mouillures.

391. Naples. Vues de Naples et des environs. *S. l. n. d.;* in-4, obl., demi-rel. dos et coins veau. 30 fr.

30 planches dessinées par *Bracci,* gravées en taille-douce par *Ant. Cardon.*

392. Napoléon III. Œuvres. *Paris, Amyot, 1854;* 4 vol. in-8, demi-rel. veau fauve, dos orné, tête dor., *non rognés.* 12 fr.

393. Nepos (Com). Cornelii Nepotis vitae excellentium imperatorum. Editio nova, ex optimis exemplaribus emendata et schematibus illustrata. — Phœdri Augusti liberti fabularum Aesopiarum libri quinque quibus accedunt fabulae novae ex codice perottino. *Parisiis, apud R. Bregeant, 1837;* deux part. en 1 vol. in-8, cart. 6 fr.

Nombreuses figures gravées sur bois.

394. Ninagawa noritané. Kwan ko dzu setsu. Notice historique et descriptive sur les arts et industries japonais. Art céramique. *To-*

kio, 1877; 5 albums in-4, obl., br. 35 fr.

Texte japonais. 90 planches en couleurs.

395. Nodier. Regnier et Champin. Paris historique. Promenade dans les rues de Paris. Avec un résumé de l'histoire de Paris par P. Christian. *Paris Levrault, 1838-39;* 3 vol. in-8, demi-rel. chagr. vert. 50 fr.

Frontispice sur CHINE MONTÉ et 200 vues dessinées par *Regnier,* lithographiées par *Champin.* Rare.

396. Nostradamus (Michel). Les vrayes centuries de Me Michel Nostradamus expliquées sur les affaires de ce temps. *Iouxte la copie imprimée à Paris, chez I. Boucher, 1652;* in-12, vélin. 5 fr.

Portrait gravé sur bois sur le titre. Mouillures.

397. Nouvelles choisies extraites du pecorone de ser Giovanni Fiorentino (XIVe siècle) trad. en français pour la première fois par Marcel Lallemend. *Paris, Liseux, 1881;* in-12, br. 6 fr.

398. Nouvelles de l'abbé Casti littéralement traduites pour la première fois. *Paris, Liseux, 1880;* in-8, br. 10 fr.

Très rare.

399. Olearius (Adam). Relation du voyage de Moscovie, Tartarie, et de Perse, fait à l'occasion d'une ambassade envoyée au grand duc de Moscovie, et du Roy de Perse; par le duc de Holstein : depuis l'an 1633 jusques en l'an 1639. Traduite de l'allemand du sieur Olearius, secrétaire de ladite ambassade, par L. R. D. B. (le résident de Brandebourg, c'est-à-dire de Wicquefort). *Paris, Clouzier, 1656;* pet. in-4, veau, dos orné. 10 fr.

400. Olivier. L'Art des armes simplifié, ou nouveau traité sur la manière de se servir de l'épée enrichi de figures en taille-douce. Nouvelle édition revue, corrigée et augmentée de plusieurs planches. *Londres, J. Bell, 1780;* in-8, veau fauve. 60 fr.

401. Olod (Louis de). Tratado del origen, y arte de escribirbien, ilustrado con veinte y cinco laminas.

Et de Livres anciens et modernes

Gerona Narciso Oliva, s. d. (1766);
pet. in-fol., vélin.   30 fr.

     8 planches gravées donnant différents modèles d'écriture.

402. **Orbigny** (Charles d'). Dictionnaire universel d'histoire naturelle. *Paris, Renard-Martinet,* 1849; 13 vol. de texte et 3 vol. de planches. Ens. 16 vol. demi-chagrin vert, plats toile.   80 fr.

     Planches coloriées.

403. **Ordonnances** (Les) de l'ordre de la Thoyson d'or. (*Anvers, Impr. de Christ. Plantin, vers* 1559); in-4, veau marbré.   250 fr.

     Un des rares exemplaires de la PREMIÈRE ÉDITION imprimé sur PEAU DE VÉLIN en caractères ronds; elle comprend 5 ff. prélim., 24 ff. de texte et 12 ff. pour les chapitres additionnels.

     Additions manuscrites à la fin du volume.

404. **Orlers.** La généalogie des illustres comtes de Nassau avec la description des victoires des Estats des provinces Unies, sous la conduite de Maurice de Nassau. *Leyden,* 1615; in-folio parchemin. 25 fr.

     Exemplaire dont les premiers feuillets sont fatigués : le dernier feuillet manque et une des grandes planches est endommagée.

405. **Ouville** (d'). L'Élite des contes du sieur d'Ouville réimprimée sur l'édition de Rouen 1680 ; avec une préface et des notes par G. Brunet. *Paris, Jouaust,* 1883; 2 vol. in-8, br.   10 fr.

406. **Ovide.** Les Métamorphoses d'Ovide, gravées sur les dessins des meilleurs peintres françois par les soins des sieurs Le Mire et Basan, graveurs. *Paris, Basan et Lemire,* 1767 ; gr. in-8, cart. 200 fr.

     Frontispice et 140 figures d'après *Eisen, Moreau, Boucher,* etc.

407. **Ovide.** Pub. Ovidii Nasonis metamorphoseon libri XV. *Parisiis, apud Hieronymum de Marnef, et viduam Gulielmi Cavellat,* 1587 ; pet. in-12, réglé, fig. sur bois, mar. vert, dent., fil., tr. dor. 3.500 fr.

     Charmante reliure française du XVI° siècle, exécutée pour Marguerite de Valois, dont elle porte les armes et la devise. Elle est couverte sur le dos et sur les plats d'œillets, de marguerites et de pensées ; dorure en plein à petits fers d'un goût très pur, très délicat, et d'une admirable conservation.

408. **Palatino.** Libro di M. Giovanbattista Palatino, cittadino romano, nel qual s'insegna a scrivere ogni sorte lettera, antica et moderna di qualunque natione, con il sue regole, et misure, et essempi, et con un breve et util discorso de le cifre. In fine : *In Roma in campo di Fiore, per Antonio Blado Asolano, il mese di Luglio,* 1548 ; pet. in-8, demi-rel. dos et coins bas. verte.   30 fr.

     Portrait sur le titre, lettres ornées et planches spécimens de diverses écritures gravées sur bois. Ouvrage recherché.

409. **Palladio** (André). Les quatre livres de l'architecture d'André Palladio, mis en françois. Dans lesquels après un petit traitté des cinq ordres avec quelques unes des plus nécessaires observations pour bien bastir, il parle de la construction des maisons particulières, des grands chemins, des ponts, des places publiques, des xistes, des basiliques et des temples. *Paris, Martin,* 1650 ; in-4, cart.   30 fr.

     Nombreuses gravures sur bois, plans, modèles de bâtiments, proportions, coupes, etc.

410. **Palladio** (And.). I cinque ordini di architettura. *Venezia,* 1784 ; in-4, cart.   10 fr.

     23 planches.

411. **Panthéon** des illustrations françaises au XIX° siècle comprenant un portrait, une biographie et un autographe de chacun des hommes les plus marquants. Publié sous la direction de Victor Frond. *Paris, Pilon et Lemercier, s. d.;* in-fol., demi-rel. chagrin rouge, plats toile, tr. dor.   25 fr.

     40 portraits.

412. **Paris** comique (l'Image). Directeur Carlo Gripp. Année 1869. *Paris,* 1869 ; in-fol., demi-rel. veau bleu.   8 fr.

     Nombreuses illustrations comiques et planches en couleurs.

413. **Paris** pittoresque rédigé par une société d'hommes de lettres sous la direction de G. Sarrut et B. Saint-Edme. *Paris, d'Urtubie, Worms et C*ⁱᵉ, 1837 ; 2 vol. in-8, demi-rel. veau violet, dos ornés. 50 fr.

     Frontispice et 26 planches hors texte dessinés par *Rouargue* et gravées sur acier par *Outhwaite, Chavanne, Beaupré,* etc.

Achat de Bibliothèques

414. Paris. Ponts et chaussées. Direction des travaux de Paris. Service des eaux et des égouts. Suite du portefeuille. *Paris*, 1881 ; in-fol., cart. 10 fr.

37 planches.

415. Passœus (Crisp.). Hortus floridus. *Arnhemi*, 1614 ; pet. in-fol. obl., veau, dos orné. 50 fr.

Rare. 157 planches gravées en taille-douce reproduisant les différentes sortes de plantes divisées selon l'ordre des saisons. Deux pages déchirées, manque le titre.

416. Passœus (Crisp.). Neuf portraits de Saintes, Ursule, Catherine, Christine, Agnès, Barbe, Cécile, Marguerite, Brigitte, Lucie, dédiés dans un fort beau frontispice à la reine Isabelle d'Espagne; in-8, demi-rel. dos et coins de mar. fauve, fil. 40 fr.

Belles épreuves à toutes marges.

417. Passionis Speculum Domini Nostri Jhesu Christi. In quo relucent hec omniasingulariter vere et absolute : puta. omnis perfectio yerarchie Omnium fidelium beatitudo. Omnes virtutes. Dona. Fructus. Et spiritualium bonorum omnium efficacia. (In fine :) *Speculum de passione domini nostri Jhesu christi cum textum quatūor euangelistarum cum figuris pulcris et magistralibus et cum mirum immodum contemplationibus et orationibus devotis... et stupendis mysteriis sanctissime cruicis per doctorem Udalricum Pinder convexum : et in civitate imperiali Nurenbergen bene visum et impressum finit feliciter anno* 1507. *Die vero* 30 *mensis Augusti;* in-fol. de 90 ff. chiffrés et titre, mar. brun jans., tr. dor. 650 fr.

Édition à 2 colonnes en caractères ronds. Elle est divisée en 3 parties et ornée de 40 grandes planches et de 37 petites gravées sur bois. Celle qui se trouve au vᵉ du 73ᵉ f. porte la marque de *Hans Schaufelein.*

418. Pelloutier (Simon). Histoire des celtes, et particulièrement des gaulois et des germains depuis les temps fabuleux jusqu'à la prise de Rome par les Gaulois, nouvelle édition revue, corrigée et augmentée par M. de Chiniac. *Paris, Quil-*

lau, 1770-71 ; 8 vol. in-12, veau, dos ornés. 15 fr.

En tête de dédicace portrait du dauphin gravé en médaillon par *Le Villain.*

419. Percier et Fontaine. Palais, maisons et autres édifices modernes, dessinés à Rome, publiés à Paris l'an VI. *Paris, Ducamp, s. d. ;* in-fol., cart. 40 fr.

100 belles planches gravées au trait.

420. Perier (Fr.). Figures antiques dessignés à Rome par François Perier. *Paris, Chereau, s. d.* 10 fr.

Frontispice et 59 planches gravées en taille-douce, représentant les chefs-d'œuvre de la sculpture antique.

421. Perrault (Ch.). Œuvres choisies, avec les mémoires de l'auteur et des recherches sur les contes de fées par Collin de Plancy. *Paris, Brissot-Thivars,* 1826 ; in-8, demi-rel. veau, *non rogné.* 10 fr.

Portrait-médaillon de Perrault, encadré de vignettes, illustrations de ses contes.

422. Perret. Catacombes de Rome. Architecture, peintures murales, inscriptions, lampes, instruments, etc., des cimetières des premiers chrétiens, par Perret. *Paris, Gide et Baudry,* 1852-1856 ; 6 vol. gr. in-fol., demi-rel. chagr. vert, *non rognés.* 650 fr.

Splendide ouvrage renfermant 327 planches noires et coloriées. Bel exemplaire.

423. Petit Citateur (Le). Notes érotiques et pornographiques, recueil de mots et d'expressions anciens et modernes sur les choses de l'amour pour servir de complément au dictionnaire érotique du professeur de langue verte par J.-Ch. X., bachelier ès mauvaises langues. *Paphos,* 1869 ; in-12, demi-rel. mar. rouge, fil.. tête dor., éb. 12 fr.

Tirage à 300 exemplaires.

424. Petite Collection antique. Chefs-d'œuvre antiques. *Paris, Quantin,* 1878-1885 ; 8 vol. in-32, fig., br., couv. 35 fr.

Rare et charmante collection imprimée avec goût, ornée d'encadrements de texte variés et de jolies figures. Elle comprend : *Musée.* Héro et Léandre. — *Tatius,* Leucippe et Clitophon. — *Lucien.* Dialogues des Courtisanes. — *Virgile.* Les Bucoliques. — *Anacréon et Sapho.* — *Apollonius de Rhodes.* Jason et Médée. — *Horace.* Odes et Épodes. — *Théocrite.* Idylles. — *Properce.* Les Élégies.

Et de Livres anciens et modernes

425. Pièces relatives à la comédie des 2 Gendres. *Paris, 1812* ; 6 brochures in-8.   7 fr.

Comprenant : Conaxa et les deux gendres par *Desquiron*. — Histoire de Jean Conaxa par *Dufour*. — Les gouttes d'Hoffman par *Bouvet*. — Réponse par M. Hoffman par *Lambert-Lallemand*. — Critique raisonnée de la comédie des 2 Gendres par *Cholet de Jetfort*.

426. Pièces relatives aux contestations entre les princes légitimes et légitimés, 1716-1717 ; 20 documents en un vol. in-8, veau. 20 fr.

Entre autres :
Justification de monsieur le président de ‴ sur la dispute des princes. — Mémoire abrégé pour les princes du sang. — Mémoire de Monsieur le duc du Maine. — Remarques sur les mémoires de M. le duc du Maine, des 15 novembre et 9 décembre 1716, etc.

427. Piganiol de La Force. Nouvelle description de la France ; dans laquelle on voit le gouvernement général de ce royaume, celui de chaque province en particulier ; et la description des villes, maisons royales, châteaux et monuments les plus remarquables. *Paris, 1752-1754* ; 15 vol. in-12, veau marbré, dos ornés.   50 fr.

Cartes et plans. Les deux premiers volumes ont pour le titre : Introduction à la description de la France et au droit public de ce royaume.

428. Pinchinat. Dictionnaire chronologique, historique, critique sur l'origine de l'Idolâtrie, des Sectes des Samaritaines, des Juifs, des Hérésies, des Schismes, des Anti-Papes et de tous les principaux hérétiques. *Paris, Pralard, 1736* ; in-4, veau brun.   8 fr.

429. Piron. Œuvres inédites de Piron (prose et vers) accompagnées de lettres également inédites adressées à Piron par Mlles Quinault et de Bar publiées sur les manuscrits autographes originaux avec une introduction et des notes par Honoré Bonhomme. *Paris, Poulet-Malassis, 1859* ; in-8, br.   6 fr.

3 fac-simile d'autographes.

430. Plat de Carnaval (le) ou les beignets apprêtés par Guillaume bonne pâte pour remettre en appétit ceux qui l'ont perdu. *A bonne Huile*, chez feu clair, rue de la poële, à la pomme de Reinette, l'an dix huit cent d'œufs.   10 fr.

Recueil de cent contes fort amusants.

431. Plautus. M. Plauti comœdiae XX. ex antiquis, recentioribusque exemplaribus invicem collatis, diligentissime recognitae. *Parisiis; ex officina Roberti Stephani, 1530* ; pet. in-fol., mar. vert, dos orné, dent. sur les plats, tr. dor. (*Rel. anc.*).   70 fr.

Quelques mouillures dans les marges.

432. Poematia latina inedita. Lesbiæ veronensis (Catulli puellæ) **Callipygia** Carmen nunc primum in lucem editum. *Paris, Liseux, 1891* ; in-12, br.   5 fr.

Très rare.

433. Poinsinet de Sivry. Nouvelles recherches sur la Science des médailles, inscriptions, et hiéroglyphes antiques. *A Maestricht, chez Jean-Edme Dufour et Philippe Roux, 1778* ; in-4, br.   8 fr.

6 planches en taille-douce gravées par *J. B. P. Tardieu*.

434. Pontas (Jean). Dictionnaire de cas de conscience ou décisions des plus considérables difficultez touchant la morale et la discipline ecclésiastique tirées de l'écriture, des conciles, des pères, des decretales des papes et des plus célèbres théologiens et canonistes. *Sur l'imprimé à Paris, à Basle, chez Jean Brandmuller, 1741* ; 3 vol. in-fol., veau, dos orné.   35 fr.

435. Portraits de personnages célèbres du premier empire ; In-8, cart. percal. rouge.   60 fr.

Album de 83 portraits de ministres, généraux, sénateurs et hautes personnalités de la Cour, gravés par *Tassaert, Joly, Forget*, etc.

436. Portraits de Rakans, ou Saints Boudhistes avec leurs titres en caractères chinois; 5 vol. pet. in-fol., entre planchettes, gravures tirées en blanc sur fond bleu.   100 fr.

Ouvrage d'exécution chinoise. Les figures sont remarquables et un grand nombre des plus bizarres. Le mot sanscrit Rakans s'applique aux 500 disciples immédiats de Sakyamouni.

437. Præces piæ. Manuscrit in-8, mar. rouge, comp. de dent. à petits fers et au pointillé, dos orné, tr. dor., fermoirs, étui, (*Bozérian jeune*).   4.000 fr.

Superbe livre d'heures manuscrit français, exécuté dans la seconde moitié du XV⁰ siècle, dont la très belle ornementation est due à un des meilleurs artistes miniaturistes parisiens de cette époque. Formé de 12 ff. préliminaires, consacrés au calendrier, et de 247 ff. (dont 2 blancs) de vélin fin, d'une belle et bonne écriture gothique, et réglés avec soin, il a toutes ses pages, sans exception illustrées par de gracieuses bordures où les rinceaux de feuillages, les animaux, les grotesques, les fleurs et les fruits se combinent avec un goût parfait aux compartiments à fonds d'or, à fonds de couleur, de toutes nuances et de toutes formes.

SOIXANTE-TREIZE miniatures traitées avec une grande délicatesse décorent ses principaux feuillets. Les vingt-quatre premières sont particulières au calendrier et représentent les douze signes du Zodiaque et les diverses occupations de chacun des mois de l'année. Parmi les quarante-neuf suivantes, quinze d'entre elles occupant la presque totalité d'un feuillet, sont entièrement entourées par un encadrement à rinceaux et ont pour sujets les principales scènes du Nouveau Testament. Citons : S. Jean l'Evangéliste ; la Visitation ; le Baiser de Juda ; l'Annonciation aux bergers; la Circoncision ; le Couronnement de la Vierge: le roi David; Job sur son fumier et un charmant portrait de la Sainte Vierge.

Le volume se termine par le propre des saints. Remarquons : S. Michel, S. Jean-Baptiste, S. Jacques, S. Christophe, S. Nicolas, Ste Geneviève, Ste Appoline, S. Eustache, Ste Agnès, etc. Tous ces petits portraits sont très soignés dans leur composition.

L'analyse du calendrier nous permet de penser que ce beau manuscrit a dû être exécuté à Paris : on y remarque en effet les principaux saints du diocèse: S. Marcel, S. Germain, Ste Geneviève cités trois fois, S. Eleuthère, S. Denis, S. Victor, S. Christophe, Ste Magdelaine, S. Landry, S. Etienne, etc. etc. — Le 239e feuillet a été légèrement maculé.

438. Premier (le) volume des grans croniques de France, dites croniques de S. Denis, publiées d'après les manuscrits. *Paris, Crozet,* 1837; in-8, demi-rel. veau fauve. 5 fr.

Le seul volume publié.

439. Preuves de la pleine souveraineté du roi sur la province de Bretagne. *Paris,* 1765. — Correspondance de Monsieur le duc d'Aiguillon au sujet de l'affaire de M. le comte de Guines et du sieur Tort et autres intéressés. *Paris, Quillau,* 1775 ; 2 parties en un vol. in-8, veau, dos orné. 10 fr.

L'ouvrage des Preuves de la souveraineté du roi est composé de trois lettres de M. le contrôleur général (C. C. F. de Laverdy) et de deux réponses de M. d'Amilly, premier président du parlement de Rennes. Les trois lettres sont de M. P.-G. Lorry, inspecteur-général du domaine, les deux réponses sont de M. Duparc-Poullain, avocat à Rennes. (Barbier.)

440. Prisse d'Avesnes. La décoration arabe. Décors muraux, Plafonds, Mosaïques, Dallages, Boiseries, Vitraux, Etoffes, Tapis, Reliures, Faïences, Ornements divers. Extraits du grand ouvrage l'Art arabe de Prisse d'Avesnes. *Paris, André, Daly et Cie, s. d.;* pet. in-fol., en feuilles dans un carton. 70 fr.

98 planches en noir et en couleur.

441. Procez et amples examinations sur la vie de Caresme prenant dans lesquelles sont amplement descrites toutes les tromperies, astuces, caprices, inventions, subtilités, débordemens et paillardises qu'il a commis et fait pratiquer en la présente année. *Paris,* 1605 (1865) ; in-8, br. 6 fr.

Recueil curieux contenant : Traicté de mariage entre Julian Peoger dit Janicot et Jacqueline Papinet. — La copie d'un bail à ferme faict par une jeune dame de son... pour six ans. — La raison pourquoy les femmes ne portent barbe au menton aussi bien qu'à la penillière. — Sermon joyeux d'un depucelleur de nourrices, etc., etc.

442. Progressive lessons intended to elucidate the art of portrait painting ; in which is introduced a systematic arrangement of the colours and tints used in flesh, draperies and back-grounds, etc. *London, Thomas Clay,* 1824 ; in-4, demi-rel. dos et coins de mar. rouge. 12 fr.

Orné de trois modèles de portraits en couleurs hors texte, et de deux figures explicatives montrant l'ordre dans lequel doivent être disposées les couleurs sur la palette.

443. Prouti (Domenico). Nuova raccolta di 100 vetudine antiche della citta di Roma e sue vicinanze incise a bullino do Domenico Prouti. — Nuova raccolta delle vedutine moderne della citta di Roma. Tomo II. *Roma s. d.* Deux parties en un vol. in-4, br. 30 fr.

1 fleuron et 96 vues dans la 1re partie, manquent les n°s 5-6-69-70. — 1 fleuron et 70 vues dans la 2e partie complète.

444. Prudentius Aurelii. Prudentii Clementis V. C. Opera omnia nunc primum cum codd. Vaticanis collata præfatione, variantibus lectionibus, notis, ac rerum verborumque indice locupletissimo aucta et illustrata. *Parmae, ex regio typographeo Bodoni,* 1788 ; 2 vol.

Et de Livres anciens et modernes

in-4, demi-rel. veau brun, dos ornés, tr. jaspées.   **15 fr.**

Bel exemplaire.

445. Prudhomme (L.). Les Crimes des reines de France depuis le commencement de la Monarchie jusqu'à Marie-Antoinette, publiés par L. Prudhomme. *Paris, au bureau des révolutions de Paris,* 1791 ; 1 vol. in-8.   **6 fr.**

Frontispice et 4 figures gravées en taille-douce.

446. Quatremère de Quincy. Histoire de la vie et des ouvrages des plus célèbres architectes du XIe siècle jusqu'à la fin du XVIIIe. *Paris, Renouard,* 1830 ; 2 vol. gr. in-8, demi-rel. chag. *non rognés.* 20 fr.

Nombreuses figures.

447. Quérard. Les Supercheries littéraires dévoilées . par J.-M. Quérard. *Paris, Daffis,* 1869-1870 ; 3 tomes en 6 vol. in-8, br.   **30 fr.**

L'un des 100 exemplaires tirés sur GRAND PAPIER VERGÉ.

448. Racine (Jean). Œuvres complètes de J. Racine précédées de mémoires sur sa vie, par Louis Racine. *Paris, Furne,* 1840 ; in-8, demi-rel. chag. violet, dos orné. 10 fr.

Portrait par François et 12 figures de *Deveria, Girodet, Chaudet, Desenne, Gérard,* etc., gravées sur acier par *Lefèvre, Pigeot, Audibran, Collin.*

449. Rameau. Abrégé de la nouvelle méthode dans l'art d'écrire ou de tracer toutes sortes de danses de ville. *Paris, s. d.* (1725) ; in-8, veau.   **40 fr.**

Cet ouvrage, orné de figures explicatives gravées, est suivi d'une seconde partie contenant 12 des plus belles danses de M. Pecour en 83 planches.

450. Raphaël. Sacræ historiæ acta a Raphaele Urbin, in Vaticanis xystis ad picturæ miraculum expressa Nicolaus Chapron Gallus a se delineata et incisa. Romæ, 1649. (*Parisiis, Petrus Mariette*) ; in-fol. obl., demi-rel. bas.   **25 fr.**

Frontispice, titre, et 52 planches sur cuivre. Le front. et la dernière planche sont doublés en partie.

451. Reclus (Elisée). Nouvelle géographie universelle. La terre et les hommes ; 3 vol. in-8, demi-rel. chag. vert, plats toile.   **35 fr.**

1er vol. L'Europe méridionale. — 2e vol. La France. — 3e vol. L'Europe centrale.

Cartes en noir et en couleur, nombreuses vues et types gravés sur bois.

452. Recueil de pièces diplomatiques relatives aux affaires de la Hollande et de la Belgique en 1830, 1831 et 1832. *La Haye, Schinkel,* 1831-1833 ; 3 vol. in-8, veau vert, fil., dos ornés, tr. jasp.   **15 fr.**

Bel exemplaire.

453. Recueil de pièces relatives à l'histoire de Henri de Bourbon et de Charles X ; in-8 , demi-rel. veau.   **20 fr.**

Ce recueil contient entre autres documents rares : Point de vue providentiel de l'histoire de Henri de Bourbon du 29 septembre 1820 au 29 septembre 1840 par M. Alfred Nettement. — Vie anecdotique du duc de Bordeaux avec un portrait et fac-similé d'une carte de France, tracée et coloriée par le prince. Pensées d'un bon roi, avec 1 portrait de Charles X. — Dernière époque de l'histoire de Charles X par M. de Monthel. Des notes manuscrites sont ajoutées.

454. Recueil de pièces relatives à la Révolution, 1789-1790 ; in-8, demi-rel. veau, dos orné.   **20 fr.**

L'orateur des Etats généraux pour 1789. — L'abbé Raynal aux Etats généraux. — Discours sur la liberté françoise par l'abbé Fauchet. — Charles IX ou l'École des Rois, tragédie par Marie-Joseph de Chénier. — Clovis, tragédie nationale. — La confédération nationale avec trois pl. gravées en taille douce.

455. Recueil de pièces relatives à la Révolution de 1789 ; 3 vol. in-8, demi-rel. bas.   **20 fr.**

Discours sur la nécessité de la ratification de la loi. — Discours de M. Necker. — Discours de M. le Chapelier. — Nouveau mémoire au roi par les Etats de Bretagne, 1788. — Lettre à un membre de l'Assemblée législative. Procès-verbal des Conférences sur la vérification des pouvoirs. — Code national dédié aux Etats généraux, 1788. — Observations sur la lettre de M. de Calonne. — Lettre de M. de Valny. — Contre-poison ou compte-rendu des travaux de l'Assemblée nationale. — L'Ami des trois ordres. — Etc.

456. Recueil de 36 pièces politiques relatives à la Révolution et autres ; 2 vol. in-8, demi-rel. veau fauve. 35 fr.

Les quatre Préjugés du ministre, 1790. — La Journée des dupes (par Bergasse et Puységur), 1790. — La passion et la mort de Louis XVI, roi des juifs et des chrétiens, 1790. — Discuter est félonie, 1792. — Défense contre une accusation de crime de lèze-nation, par Montigny, 1790. — Le Livre rouge (1re liv. impr. en rouge), 1790. — Lettre de l'abbé Raynal et réponse. — Avis sur le choix des officiers municipaux. — Le siège du trésor royal. — Pétition

Achat de Bibliothèques

sur le Divorce. — Dialogue entre Necker et M™ de Polignac. — Lettre de M™ de Polignac. — Agonie de M™ de Polignac. — Supplément à la liste des pensions. — Etablissement des comités de la Convention. — Traité de Paris, 1814. — Le duc de Bordeaux bâtard, 1830. — Etc.

457. Recueil de poësies diverses. Troisième édition, revuë, corrigée et beaucoup augmentée. *Paris, Jacques Estienne,* 1726 ; in-8, veau. 20 fr.

Epîtres, pièces critiques, fables, épigrammes. Frontispice. Annotations dans les marges.

458. Recueil de quelques pièces sur les chambrières et bourgeoises de Paris. *Se vend à Paris aux Etuves,* 1606 (1866) ; in-8, br. 16 fr.

Rare recueil contenant : Varlet à louer à tout faire. — Monologue nouveau et fort joyeux de la Chambrière des proveue d'Amours. — Les folastries des Chambrières. Apologie des Chambrières. — Le banquet des Chambrières. — La maltote des cuisinières ou la manière de bien ferrer la mule. — La permission aux servantes de coucher avec leurs maistres. — Le tocsin des filles d'Amour. — Sermon joyeux d'un ramoneur. — Le Cocu consolateur. — Singeries des femmes de ce temps. Etc., etc.

459. Recueil de tragédies, comédies, opéras comiques, vaudevilles. 1810-1821 ; 4 vol. in-8, demi-rel. bas., dos ornés. 30 fr.

I. Jeanne d'Arc à Rouen par *M. C.-J.-L.-d'Avrigni.* — Marie Stuart par *Le Brun.* — Clovis. — Frédégonde et Brunehaut. — Louis IX en Egypte, par *N. Lemercier.* — Agon, sultan de Bantan, traduite du hollandais par *le baron de Haren.* — II. La prison militaire par *Dupaty.* — Le tyran domestique par *A. Duval.* — Les deux gendres par *M. Etienne.* — Le ministre anglais par *M. L. Riboutté.* — Washington par *Henri de Lacoste.* — III. Richard Cœur de Lion par *Sedaine.* — L'homme sans façon par *Saurin.* — Jean de Paris par *Saint-Just.* — Le séjour militaire par *N. Bouilly.* — La chambre à coucher. — Le camp de Sobieski par *E. Dupaty.* — Le prince troubadour par *A. Duval.* — Armide par *Quinault.* — Les Bayadères par *M. de Jouy.* — Jérusalem délivrée par *Baour-Lormian.* — IV. Les Abencerages par *M. de Jouy.* — L'Anglais à Bagdad par *Moreau, Ourry et Théaulon.* — Etc.

460. Régis de La Colombière (de). Les cris populaires de Marseille, locutions, apostrophes, injures, expressions proverbiales, traits satiriques et jeux du peuple, cris des marchands dans les rues, préjugés recueillis par M. de Régis de La Colombière. *Marseille, Marius Lebon,* 1868 ; in-8, demi-rel. chag. bleu. 6 fr.

461. Regnard. Œuvres complètes. Nouvelle édition, augmentée de deux pièces inédites, précédée d'une introduction d'après des documents entièrement nouveaux par M. Edouard Fournier. *Paris, Laplace, Sanchez et C*ie, 1875 ; in-8, en feuilles. 20 fr.

Fac-simile de l'écriture de l'auteur.

462. Régnier. Les Épistres et autres œuvres de Régnier avec des remarques. *Londres, Lyon et Woodman,* 1730 ; 2 tomes en un vol. in-8, veau, dos orné. 5 fr.

Frontispice gravé en taille-douce.

462. Reisser. Avis important au sexe ou essai sur les corps baleinés, pour former ou conserver la taille aux jeunes personnes. *Dijon, Reguiliat,* 1770 ; in-12, demi-rel. dos et couv. de mar. rouge, fil., tête dor. 30 fr.

Planche gravée en taille-douce donnant des modèles de corsets. Volume rare.

464. Restif de la Bretonne. Monsieur Nicolas ou le cœur humain dévoilé, publié par lui-même. *Imprimé à la maison (Paris),* 1794 ; 16 part. en 8 vol. in-12, demi-rel. veau. 100 fr

EDITION ORIGINALE très rare.

465. Retz (cardinal de). Œuvres. Nouvelle édition sur les plus anciennes impressions et les autographes et augmentée de morceaux inédits, de variantes, de notices, de notes, d'un lexique des mots et locutions remarquables. *Paris, Hachette,* 1870-1887 ; 8 vol. in-8, demi-rel. chag. rouge, *non rognés.* 40 fr.

Bel exemplaire.

466. Revue illustrée (la). *Paris, Baschet,* décembre 1885-novembre 1897 ; 24 vol. in-4, demi-rel. mar. brun, *non rognés.* 120 fr.

Exemplaire en parfait état de cette belle publication illustrée de nombreuses figures en noir et en couleurs par les meilleurs artistes de ce temps. La suite des couvertures donnant les portraits des contemporains se trouve à la fin de chaque volume à partir du 15 décembre 1884.

467. Revue des Peintres. Cent tableaux divers reproduits en lithographie et en taille-douce ; in-4, demi-rel. veau, dos orné. 30 fr.

Tableaux de *Devéria, Arnout, Gintrac, Giraud, Doumier, Mallet, Biard, Decamps, Wild,* etc.

Et de Livres anciens et modernes

468. Richelieu. Traité de la perfection du chrestien, par l'éminentissime cardinal, duc de Richelieu. Seconde édition. *Paris, Antoine Vitré,* 1647 ; pet. in-4 veau. 25 fr.

 Frontispice par *Mellan*. En-têtes de chapitres, culs-de-lampe, lettres ornées.

469. Richer (Ed.). Précis de l'histoire de Bretagne. *Nantes, Mellinet-Malassis,* 1821 ; in-8 br. 8 fr.

470. Rire (Le), journal humoristique. *Paris, Juven.* Depuis l'origine, novembre 1894 à octobre 1900 ; 6 vol. in-4, cart. de l'édit., dos et coins de percal. 100 fr.

 Dessins de *Forain, Caran d'Ache, Willette, Léandre, Jeanniot, Gyp, Rabier, Veber,* etc.

471. Rivarol (A.). Œuvres choisies, publiées en deux volumes avec une préface par M. de Lescure. *Paris, Jouaust,* 1880 ; 2 vol. in-12, demi-rel. chagr. rouge, tête dor., *éb.* 10 fr.

 PAPIER DE HOLLANDE.

472. Ronsard. Les Œuvres de P. de Ronsard, gentil-homme vandomois, prince des poetes françois. *Paris,* 1587-1630 ; 10 part. en 5 vol. in-18, demi-rel. bas. 60 fr.

 Les feuillets 2 à 6 du tome VI manquent. Piqûres de vers à quelques ff. du tome IX.

473. Rosset (Pierre-Fulcrand de). L'Agriculture, poëme. *Paris, imprimerie royale,* 1872 ; 2 part. en 1 vol. in-4, cart. 20 fr.

 Frontispice par *S'-Quentin*, gravé par *Le Gouaz*, 1 fleuron et 2 en-têtes dessinés et gravés par *Marillier*, 6 figures par *de Loutherbourg*, gravées par *de Ghendt, Leveau, Lingée et Ponce*, 6 vignettes par *S'-Quentin*, gravées par *Hémery, Leveau, Lingée et Ponce*. Fort belles illustrations. Le titre de la 1ʳᵉ partie manque et le frontispice coupé de sa marge a été remonté.

474. Rouaix (Paul). Les Styles. 700 gravures classées par époque. Notices par Paul Rouaix. *Paris, Rouam, s. d.* ; pet. in-fol., cart. toile de l'éditeur. 8 fr.

 Exemplaire broché.

475. Rousseau (J.-J.). Emile, ou de l'éducation. *La Haye, Jean Neaulme,* 1762 ; 4 vol. in-8, veau fauve, dos ornés, fil. *(Rel. anc.).* 30 fr.

 EDITION ORIGINALE, ornée de figures d'*Eisen*, gravées par *Le Grand, de Longueil et Pasquier*. Bel exemplaire.

476. Rousseau (J.-J.). Œuvres complètes, avec des éclaircissements et des notes historiques, par P.-R. Auguis. *Paris, Dalibon,* 1825 ; 27 vol. in-8, demi-rel. veau fauve, dos ornés, tr. jaspées. 100 fr.

 Bel exemplaire.

477. Rousseau (Jean-Jacques). Œuvres complètes, avec des notes historiques. Nouvelle édition ornée de vingt-quatre gravures en taille-douce, d'après Alfred et Tony Johannot et d'un magnifique portrait. *Paris, Furne,* 1845 ; 4 vol. in-8, en livr., in-8, br. 25 fr.

 Texte sur deux colonnes. Couvertures.

478. Rousseau (J.-J.). La nouvelle Héloïse, où lettres de deux amans habitans d'une petite ville au pied des Alpes. Nouvelle édition. *Neuchatel et Paris, Duchesne,* 1764 ; 4 vol. in-8, veau fauve, dos ornés, fil. *(Rel. anc.).* 30 fr.

 Bel exemplaire dans une reliure semblable au nᵒ précédent, orné d'un frontispice de *Cochin* et des figures de *Gravelot* en très bonnes épreuves.

479. Rousseau (J.-J.). Préface de la nouvelle Héloïse ou entretien sur les romans, entre l'éditeur et un homme de lettres, par J.-J. Rous-Rousseau, citoyen de Genève. — Recueil d'estampes pour la nouvelle Héloïse avec les sujets des mêmes estampes tels qu'ils ont été donnés par l'éditeur. *Paris, Duchesne,* 1761. — Prédiction tirée d'un vieux manuscrit sur la nouvelle Héloïse (par Ch. Borde), *s. l.* (vers 1762) ; ens. 1 vol. in-12, veau, dos orné. 50 fr.

 Fort rare. Suite de 12 jolies figures de *Gravelot*, gravées en taille-douce par *Le Mire, Ouvrier, Lempereur, de St-Aubin, Choffart, Aliamet, Flipart.*

480. Royer (Alphonse). Le Connétable de Bourbon. *Paris, Werdet,* 1838 ; 2 vol. in-8, demi-rel. veau gris. 8 fr.

 EDITION ORIGINALE.

481. Sabbathier. Recueil de planches pour le dictionnaire de l'intelligence des auteurs classiques, grecs et latins, de M. Sabbathier. *Paris, Delalain,* 1773 ; in-8, cartonné. 25 fr.

 200 planches gravées en taille-douce, vues, monuments, sculptures, meubles.

482. Saint-Allais. Nobiliaire universel de France, ou recueil général des généalogies historiques des maisons nobles de ce royaume, par M. de Saint-Allais et par M. de la Chabeaussière. *Paris, Bachelin-Deflorenne*, 1872-1877 ; 21 vol. in-8, demi-rel. mar. rouge, têtes dor., *non rognés.*   150 fr.

Le 21ᵉ volume forme le *Supplément.*

483. Saint-Aubin (de). L'art du brodeur. *S. l.*, 1770; in-fol. cart. 20 fr.

50 pages de texte et 10 planches explicatives dessinées par *C.-G. de Saint-Aubin* et gravées par *A. de Saint-Aubin.*

484. Saint Augustin. Les Confessions traduites en françois par Monsieur Arnauld d'Andilly. Nouvelle édition. *Paris, Pierre le Petit*, 1675; in-12 veau, dos orné. 5 fr.

Frontispice. Signature grattée sur le titre.

485. Saint-Pierre (Bernardin de). Etudes de la nature avec des notes par M. Aimé-Martin. *Paris, Lefèvre,* 1836 ; 2 vol. in-8, demi-rel. veau rouge, dos ornés.   15 fr.

Portrait par *Girodet Frioson,* gravé sur acier par *Wedgwood,* 2 fleurons par *H. Corbould,* 7 figures illustrations de Paul et Virginie, dessinées par *H. Corbould* et gravées sur acier par *G. Corboul, Wedgwood,* etc.

486. Saint-Pierre (Bernardin de). Paul et Virginie. Avec notice et notes par M. Anatole France. *Paris, Alph. Lemerre,* 1878 ; in-12, tiré in-8, demi-rel. dos et coins de mar. rouge, tête dor., *non rogné* (*Bretault*).   300 fr.

Un des 50 exemplaires sur PAPIER WHATMAN, illustré dans les marges de 38 aquarelles originales de *Ch. Jouas.*

487. Saint-Simon. Mémoires complets et authentiques du duc de Saint-Simon sur le siècle de Louis XIV et la régence, collationnés sur le manuscrit original par M. Chéruel et précédés d'une notice par M. Sainte-Beuve. *Paris, Hachette,* 1856-1858 ; 20 vol. in-8, demi-rel. chag. violet, dos orn. 120 fr.

La meilleure et la plus exacte édition de ces Mémoires : véritable édition *princeps* de ce célèbre ouvrage.

488. Saint-Victor (de). Album du Tableau de Paris. *S. l. n. d.* (1827); in-8 obl., tr. jasp.   60 fr.

206 vues de Paris et 34 plans. Très bel exemplaire.

489. Sales (François de). Introduction à la vie dévote du bien-heureux François de Sales, reveue par l'autheur avant son deceds et augmentée de la manière de dire dévotement le chapelet et de bien servir la vierge Marie. Nouvelle édition revue et corrigée par M. Silvestre de Sacy. *Paris, Techener,* 1855 ; 2 tomes en 1 vol. in-12, mar. violet jans., dent. int., tr. dor. (*Petit*). 12 fr.

Armoiries sur les plats.

490. Sand (George). Histoire de ma vie. *Paris, Michel Lévy,* 1856 ; 10 tomes en 5 vol. in-12, demi-rel. chag. rouge, dos orné, tr. jasp. 12 fr.

491. Sanier. Recueil complet de chiffres à deux et trois lettres. Composé et dessiné par Sanier père et gravé par son fils. *Paris, Bance, s. d.;* in-8, br.   7 fr.

32 planches en taille-douce donnant l'alphabet complet de chiffres entrelacés à deux ou à trois lettres.

492. Sanson (H.). Sept générations d'exécuteurs. 1688-1847. Mémoires des Sanson, mis en ordre, rédigés et publiés par H. Sanson, ancien exécuteur des hautes-œuvres. *Paris, Dupray de la Mahérie,* 1862-1863 ; 6 vol. in-8, demi-rel. chag. vert. 35 fr.

493. Satyre Ménippée de la vertu du catholicon d'Espagne ; et de la tenuë des Etats de Paris. A laquelle est adjousté un discours sur l'interpretation du mot de Higuiero d'infierno et qui en est l'autheur. *Ratisbonne, Mathias Kerner,* 1664 ; pet. in-12, mar. rouge, dos orné, fil., tr. dor. (*Rel. anc.*).   80 fr.

Edition avec l'en-tête à tête de buffle. Haut. 129 mm.

494. Saurin. Discours historiques, critiques, théologiques et moraux sur les évènements les plus mémorables du vieux et du nouveau Testament. *Amsterdam, Picart,* 1720 ; 6 vol. in-fol. veau marbré, fil., dos ornés, tr. dor.   300 fr.

Frontispice dessiné et gravé par *B. Picart* et en tête du tome V frontispice de *Hoet* gravé par *Muller,* deux fleurons de *Hoet* et *Houbraken,* gravés par *Gouwen* et de *Broen.* Vignette signée par *Van der March* et 212 planches d'après les dessins de *Antte von Leiden, Bourdon, Carrache, Champagne, G. Hoet, Houbraken, Le Brun, Carlo Morati,* etc., gravées par *Beauvais, Bernards, Bleiswyck, Blois, de Broen, Folkema, de Later, Mulder, Pigné, Pool, Thomassin,* etc.

495. Savornin (de). Sentimens d'un homme de guerre sur le nouveau système du chevalier Folard : par rapport à la colonne et au mélange des différentes armes d'une armée. *Paris, Briasson,* 1733 ; in-4, veau fauve, fil., tr. rouge, pl. 20 fr.

Aux armes de Nicolas RONSAULT.

496. Scarron. Virgile travesti en vers burlesques précédé d'une notice sur l'auteur et accompagné de notes. Nouvelle édition par Charles Fétilly. *Paris, Mansut,* 1845 ; 2 vol. in-8, demi-rel. veau fauve, dos orné, *non rognés.* 12 fr.

Portrait de Scarron par *Sisco.*

497. Scheufelein (Hans). La Danse des Noces par Hans Scheufelein, reproduite par Johannes Schratt et publiée par Edwin Tross avec une notice biographique sur Hans Scheufelein par M. le Dr Andresen. *Paris, Tross,* 1865. Album in-fol., cart. toile. 25 fr.

21 planches gravées sur bois.

498. Sculture (Le) del Campidoglio incise e brevemente descritte. *Roma,* 1843-1845 ; 4 vol. pet. in-4, dos et coins veau, dos ornés. 70 fr.

Recueil de 428 planches gravées d'après l'antique. statues, bas-reliefs, etc. Les planches sont décrites au début de chaque volume. Bel exemplaire.

499. Semedo (Alvarez). Histoire universelle du grand royaume de la Chine composée en italien par le P. Alvarez Semedo et traduite en notre langue par Louis Coulon. *Paris, Seb. Cramoisy,* 1645 ; pet. in-4, demi-rel. chag. brun, tête dor. 15 fr.

Signature sur le titre. Mouillures.

500. Senault. Heures nouvelles, tirées de la Sainte Ecriture, écrites et gravées par Senault. *A Paris, chez l'autheur,* s. d.; in-8, texte et fig. gr., mar. citron, dos orné, large dent. à petits fers, plats en mar. rouge, doublure en tabis bleu, tr. dor. (*Anc. rel.*). 150 fr.

501. Sénèque. L. Annœi Senecae philosophi opera omnia ; ex ult. J. Lipsii et J. F. Gronovii emendat et M. Annœi Senecæ rhetoris quæ existant : ex And. Schotti recens.,

Lugd. Batav. apud Elzevirios, 1649; 3 vol. in-12, veau, dos orn. 25 fr.

Jolie édition très bien imprimée.

502. Serlio (Séb.). Tutte l'opere d'architettura et prospetiva, di Sebastiano Serlio, Bolognese. Diviso in sette libri con un' indice copiosissimo con molte considerationi et un breve discorso sopra questa materia, raccolto da M. Gio. Domenico Scamozzi Vicentino. *In Venetia, appresso Giacomo de Franceschi,* 1619. — Il settimo libro di Sebastian Serlio, Bolognese. *In Vicenza par Giacomo de Franceschi,* 1618 ; 2 vol. pet. in-4 veau, dos ornés. 60 fr.

Ouvrage recherché. Nombreuses gravures sur bois, modèles et plans d'édifices, coupes et calculs de bâtiments, figures explicatives de détail, etc. Le titre du septième livre portant l'annonce fausse : *Il secondo libro,* a été gratté.

503. Serlio (Séb.). Il quarto libro di Sébastian Serlio. *In Vicenza per Giacomo de Franceschi,* 1618 ; in-fol., vélin blanc. 40 fr.

Nombreuses figures sur bois.

504. Serlio (Seb.). Libro estraordinario di Sebastiano Serlio, Bolognese nel quale si demostrano trenta porte di opera rustica mista con diversi ordini ; et uenti di opera dilicata di diverse specie con la scrittura davanti che narra il tutto. *In Venetia appresso Francesco Senese, et Zuane Kruger Allemano compagni,* 1566 ; pet. in-4, demi-rel. veau. 25 fr.

Frontispice et 50 modèles de portes gravés sur bois.

505. Shakspeare. Works. *Published as the Act directs by Bellamy and Robarts,* 1788 ; 8 vol. in-8, demi-rel. dos et coins mar. rouge, dos ornés. 30 fr.

Nombreuses figures en taille-douce.

506. Sidoine Apollinaire. Œuvres de C. Sollius Apollinaris Sidonius traduites en français avec le texte en regard et des notes par J. F. Grégoire et F. Collombet. *A Lyon et à Paris, 1836 ;* 3 vol. in-8, demi-rel. veau, dos ornés, *éb.* 12 fr.

507. Smith (Franc.). Costumes des Turcs. *Apud Theodorum Viero,*

Achat de Bibliothèques

Venetis, s.d.; in-4, bas. souple. 50 fr.

Suite de 45 planches donnant différents costumes d'hommes et de femmes de la Turquie, dessinées par Franciscus Smith. Les 6 premières figures sont coloriées.

508. Société des aquarellistes français. *Paris, Jouaust,* 1879-1887 ; 9 vol. in-8, br. 20 fr.

1re, 2e, 3e, 4e, 5e, 6e, 7e, 8e, 9e expositions annuelles. Nombreuses illustrations. PAPIER DU JAPON.

509. Sonnets de Pétrarque (Les). Traduction complète en sonnets réguliers avec introduction et commentaire, par Philibert Le Duc. Ouvrage couronné aux fêtes littéraires de Vaucluse et d'Avignon, à l'occasion du cinquième centenaire de Pétrarque. *Paris, Willem,* 1879 ; 2 vol. in-8, écu, br. 15 fr.

Exemplaire sur PAPIER WHATMAN.

Les éditions françaises des œuvres de Pétrarque et notamment de ll Canzoniere ne sont ni nombreuses ni importantes et l'on ne peut citer comme curiosités bibliographiques que celles parues au XVIe siécle. Il appartenait à M. Philibert Le Duc de donner des sonnets de Pétrarque une traduction en sonnets qui reproduit avec un rare bonheur le caractère artistique des vers originaux. De plus, le commentaire qui précède l'ouvrage est marqué au coin de la plus fine et de la plus judicieuse critique et jette une vive clarté sur l'histoire et la vie du poète italien, même après les précieuses recherches consignées par M.-L. Joubert dans la Nouvelle Biographie générale.

Il ne reste que la question litigieuse qui a tant excité la sagacité des commentateurs : Laurette de Noves fut-elle la Laure de Pétrarque ? Léo Joubert penche pour l'opinion de Vallutello, que Laure ne fut jamais mariée, tandis que M. Philibert Le Duc veut prouver que la maitresse platonique de Pétrarque était réellement la femme de Hugues de Sade.

Publié à 40 francs.

510. Staël (baronne de). Corinne ou l'Italie, *Paris, Treuttel et Wurtz,* 1841-42 ; 2 vol. in-8, br., *non rognés.* 25 fr.

Nombreuses gravures sur bois.

511. Statue antiche che sono poste in diversi luoghi nella citta di Roma. Novamente stampate, *in Venetia,* 1576, *apresso Girolamo Porro* ; in-4, demi-rel. chag. noir. 30 fr.

Titre gravé et 50 planches non signées gravées en taille-douce d'après les monuments de Rome.

512. Suétone. Des vies des douze Cesars, empereurs romains : avec leurs portraicts en taille-douce. De la traduction de Monsieur Du Teil, advocat en Parlement. *Paris, Loyson,* 1641 ; in-4, veau. 8 fr.

Reliure fatiguée.

513. Taine (H.). Histoire de la littérature anglaise. *Paris, Hachette,* 1863-1864 ; 4 vol. in-8, demi-rel. veau. 20 fr.

514. Taisand. Coutume générale des pays et duché de Bourgogne avec le commentaire de Monsieur Taisand. *Dijon, Jean Ressayre,* 1698 ; in-fol., veau, dos orné. 35 fr.

515. Tarsis et Zélie (par Levayer de Boutigny). Nouvelle édition. *Paris, Musier fils,* 1774 ; 3 vol. in-8, cart., *non rognés.* 150 fr.

3 frontispices par *Cochin, Moreau* et *Eisen,* gravés par *Gaucher, Ponce* et *Née.* 3 fleurons sur le titre gravés par *Née* et 20 vignettes par *Eisen* gravées par *Helman, de Longueil, Masquelier, Massard, Née* et *Ponce.* Frontispice avant la lettre, fleurons et vignettes en double état. Illustrations admirables. Très bel exemplaire sur PAPIER DE HOLLANDE.

516. Tasso (Torquato). Jérusalem délivrée, poëme traduit de l'italien, nouvelle édition, revue et corrigée, enrichie de la vie du Tasse. *Paris, Bossange et Masson,* 1814 ; 2 vol. in-8, veau, orn. à froid sur le dos et sur les plats, tr. dor. 6 fr.

Portrait gravé par *Delvaux* et 20 jolies figures de *Le Barbier l'ainé,* gravées par *Halbou, Dambrun, Romanet, Delvaux, Trière,* etc. Reliure fatiguée.

517. Temple des Muses (le) orné de LX tableaux où sont représentés les évènemens les plus remarquables de l'antiquité fabuleuse, dessinés et gravés par B. Picart Le Romain et autres habiles maîtres et accompagnés d'explications et de remarques, par Ant. de La Barre de Beaumarchais. *Amsterdam, Zacharie Chatelain,* 1733 ; in-fol., veau, dos orné, tr. dor. 80 fr.

Frontispice, fleuron en tête de dédicace et 60 belles planches avec encadrements gravés en taille douce par *B. Picart.* Légendes en français, en anglais, en allemand et en hollandais.

Le Propriétaire-Gérant : THÉOPHILE BELIN.

CHATEAUDUN. — Imprimerie de la Société Typographique (*Téléphone*).

VIENT DE PARAITRE

Le Dévouement Maternel
Par A. WILLETTE

Cette estampe mesure 25 de large sur 32 de haut, plus les marges.

Très jolie pièce imprimée en couleurs *sans aucune retouche,*
GRAVÉE à la manière des Maîtres du XVIIIᵉ siècle.

PRIX : **25** FR.

Épreuve en couleurs avant la lettre signée par le dessinateur. . **50 fr.**
Épreuve en noir sur papier de Chine. . . . . **10 fr.**